樂觀的態度，是成功的關鍵點

《前　言》

很久以前，為了開闢新的街道，倫敦拆除了許多陳舊的樓房。然而，新路卻久久沒能開工，舊樓房的廢墟晾在那裡，任憑日曬雨淋。

有一天，一些自然科學家來到這裡，他們發現，在這一片幾世紀來未見天日的舊地基上，竟長出了一片野花野草。奇怪的是，其中有一些花草還是在英國從來沒有見過的，它們通常只生長在地中海沿岸國家。

原來這些被拆除的樓房，大多都是在古羅馬人沿著泰晤士河進攻英國的時候建造的。這些花草的種籽多半就是那個時候被帶到了這裡，它們被壓在沉重的石頭磚瓦之下，一年又一年，幾乎已經完全喪失了生存的機會。但令人感到意外的是，一旦它們見到陽光，就立刻恢復了勃勃生機，綻開了一朵朵美麗的鮮花。

其實，人的生命也是如此。一個人，不管他禁受了多少打擊，也不管他經歷了多少苦難，一旦愛的陽光照耀在他的身上，他便能治癒創傷，

前言

獲得希望，萌生出新的生機。哪怕是在荒涼惡劣的環境裡，也依然能夠放射出自己的光和熱。

從許多人物傳記中我們可以知道，許多天才式的人物都是樂觀、豁達、心地坦然的人。他們蔑視權貴、淡泊名利，善於享受真正的生活，善於發覺蘊藏在生活中的無窮快樂。

如果心情豁達、樂觀，我們就能夠看到生活中光明的一面。即使在漆黑的夜晚，我們也知道星星仍在閃爍。一個心境健康的人思想高潔，行為正派，能自覺而堅決的摒棄骯髒的想法，不與邪惡者為伍。我們既可能堅持錯誤、執迷不悟；也可能相反，這都取決於自己。

contents

Chapter1 培養控制情緒的能力

Chapter2 鍛鍊良好的心理素質

contents

Chapter3
站在他人立場上思考與處理問題

Chapter4 讓情商為你提供追求成功的動力

樂觀的態度，是成功的關鍵點

CHAPTER 1

培養控制情緒的能力

「成功的最大敵人，就是缺乏對自己情緒的控制能力。」隨著社會的高速發展，面對快節奏的生活，高強度的工作負荷，日益複雜的人際關係，再加上越來越激烈的競爭，很多人都感到心理的壓力很大，容易煩惱和衝動。

顯然，許多人應付日益紛繁複雜的現代社會顯得越來越力不從心，所以我們必須提高情商，才能夠透過一些認知和行為策略，有效的調整自己的情緒，使自己擺脫焦慮、憂鬱、煩躁等不良情緒，保持輕鬆、愉悅的心情。

別急於否定一切，讓自己身陷絕望

從來沒有人因為抱怨世界而感到發自內心的快樂。雖然有時抱怨挺有效的，能讓你從痛苦中暫時抽身，但它的作用，不過是在逃避選擇。

在日常生活中，我們經常聽到這樣的聲音——

「我再也不相信朋友了！」被最好的朋友算計的人，為人作保卻無辜負擔龐大債務的人這麼說。

「我再也不要相信男人！」失戀的女人這麼說，失戀的男人也信誓旦旦的表示，不再相信女人，或者不再相信愛情。

在人生中受到一點挫折的人，也可能因為「心血來潮」不再相信生命。有時，只是因為一點點不順利，就會認為整個世界都在和我們作對。

人們的腦中好像有一種叫做憎恨的細菌，只要吸收到了一些腐敗的養分，它就會無限制的分裂繁殖，急於否定一切，讓自己身陷於絕望的包圍。

情商高的人明白，人生不如意事十之八九，再怎麼努力，人們總是殊途同歸，什麼也帶不走；但他們也會明白，人生的快樂與否是自己決定的，如果能精力充沛的生活，為什麼一定要坐在陰暗的牆角，悲歎自己的命運，而且還連帶影響別人活下去的心情。

伊麗莎白·庫伯勒醫師，她一生都在幫助臨終的患者，也使得「安寧醫護」受到今日的醫界重視，讓人們在生老病死的循環中都能夠擁有尊嚴。晚年，她更執行計劃收養愛滋病嬰兒。

為世界做了如此多的她，卻沒有得到應有的對待與回報。其他醫師們排擠她；她因過度熱心服務而賠掉自己的婚姻；她身體的健康狀況惡化；附近的居民甚至一把火燒了她的房子，以防止她繼續做「危險的善事」。

她當然也詛咒過這個世界的無知與無情，灰心到了極點，但她總是選擇繼續勇敢的走下去，沒有因為「一小撮」的不義者而怨天尤人，阻擋了自己的人生道路。這才是一個生活中的強者應有的風範！療傷止痛才是對自己厚道，繼續徘徊不過是加深痛苦。

在生活中，我們總會發現，抱怨最多的人，往往也是為別人找最多麻煩的人。有失望情緒的人，待人接物的態度總是看來有點無精打采、心灰意冷，甚至萬念俱灰。不過，人們也常常掩飾自己的失望情緒。失望情緒簡直就像普通的感冒一樣不被人們所重視。

但是，連續不斷的失望與連續不斷的感冒一樣，也會帶來較為嚴重的後果。它會導致長期的玩世不恭情緒以及一些由精神壓抑引起的疾病，如：潰瘍、關節炎、頭疼、背痛等。

失望情緒大都是關於我們生活的主要方面的——工作、社交、戀愛、家庭。

長期對生活失望的人可分為三種類型：

第一種是妄自尊大型

這個類型的人指望得到特殊待遇。他希望自己的辦公室比誰的都大，希望在飯店裡吃最好的酒菜，希望別人享有的，他自己通通享有。這種類型的人必須認識到，他的要求是一切以自我為中心的，是不合情理的。

第二種類型是受創傷型

這個類型的人由於早年受過嚴重創傷而對生活失去了希望，他為了避免更大的失望，就預想著發生最壞的情況，並以此來做為防備。於是，他預料保險公司會取消他的汽車保險；他覺得自己會第一個被解雇。對於這類人，惡劣的情緒比他所面臨的實際困難更為可怕。因為這類人總是感到幻滅，因而對生活總是抱著玩世不恭的態度。

第三種類型是默許型

這種人想討好每個人。他去參加一個晚會時想著：「我怎樣才能贏得晚會上所有人的好感呢？」他時時刻刻揣測著別人對他的要求。結果，他反而不知道自己想要什麼，自己需要什麼了。這樣的人總是失望，因為他無法滿足每個人的要求。

一個人在自己生活的不同時期會有不同的失望情緒。生活的每個時期都有特定的內容，所以也就有不同的失望。

有些青少年可以對任何一件事情感到懊喪，因為他們對現實的認識太天真太不充分了。隨著年齡的增長，我們對現實的認識豐富起來了，我們的情緒也不再像兒童時那樣變化無常了。然而，也許要等到進入中年時，我們才第一次看到，我們過去曾嚮往過的那麼多目標，是不可能都實現的。時間和機遇限制了可能性。

在中年的後期，我們的失望一般是圍繞著事業上停滯不前之類的問題。或者，覺得自己已到了中年卻還沒能得到原先所冀望的舒適與安定，仍在為基本的生計而奔波忙碌。

在晚年，人們似乎對兩件事情感到失望：一個是沒有受到應有的尊重，另一個是因為想到自己再也不能希望什麼了而因此沮喪。為了避免和戰勝生活中的失望情緒，我們可以借鑒以下幾點建議：

一、使自己的願望更靈活一些

我們必須承認，任何主觀的空想都是不可能實現的，必須受到客觀環境的限制。我們應該使我們的願望靈活一些。這樣，一旦遇到了難遂人願的情況，我們就可以放棄原來的想法去適應現實。比如，你去劇場看戲，希望能見到一個你十分喜歡的演員。可是，就在開演之前，主辦單位宣佈說那位明星演員病了，由其他的演員代替出場。

假如你頑固堅持原來的願望，你就會為演員的變動而嗟然歎氣，並滿腹牢騷的走出劇場。而如果你的願望是靈活的，你則可能會挺喜歡這場演出，甚至會對那個客串演出的演員進行一番評論。

二、追求與自己的能力大小相當的目標

如果我們對法語並不在行，卻期望當上法文小說翻譯作家，那就是異想天開。追求與自己的能力大小相當的目標，才能避免許多不必要的挫折和失望。

三、盡快從失望中恢復過來

為了從一場深深的失望中恢復過來，首先要承認你受到的創傷和打擊，不要掩飾它。然後，可以難過一段時間。接著，我們需要對所受的損失作一定分析。這最難，它要求我們領悟到：我們所期望的每一件事情都並非絕對不可缺少。

四、使令人失望的事變成有意義的機會

令人失望的事可以成為一次有積極作用的經歷，因為它用事實給我們上了一課，它就像早晨洗臉用的冷水，使我們清醒過來，正視生活的

現實。

它提醒我們重新考察自己的願望，以便使之更加切合實際。令人失望的事情還可以促使我們拿出行動或者改變自己的作風。換句話說，它可以成為幫助我們成長的良師益友。

☻

與其選擇讓自己沮喪失望，不如往好處想，慢慢的開始往前走。如果你決心做一個有趣的人，生活就不會那麼無趣。在面對艱難挑戰時，如果你有勇氣，世界也不會吝於將生命中最豐盈的感受回報你。

要相信自己具有控制情緒的能力

要想獲得快樂的法門就是，當你覺得不開心時，你就開口大笑；當你頭痛得要命時，你就想想別人還有更多困擾；當烏雲密佈不見陽光時，你就要始終相信，太陽依然在發散光芒。

美國著名作家弗蘭克·哈多克在他的《意志的權力》一書中說道：「最重要的，要將憤怒、刺激、妒嫉、沮喪、乖戾的感覺，惱怒的思想和煩惱都用你堅決自主的意思，將它們永遠從腦際趕出去。那都是生理上的魔鬼，它們不但騷擾神智，而且會用有毒的和歪曲的細胞侵害你的身體。

它們阻滯原來平衡的血液循環，它們所產生的毒素，是絕對會致命的。它們會壓平和粉碎神經組織的細胞，誘發對活潑意志有害的生理狀態。它們驅除希望，阻礙高尚的動機，而使人日趨下流。

從生命中去除，它們將可以全然離開你而被縊死、屠殺和監禁——無論哪一位能如此做的人，將發現他自己具有能夠應付所有日常問題的意志。」

若你常常情緒不寧，心神頹喪，若你習慣遇事懊惱、抱怨，或是一再的念念不忘，你就永遠得不到片刻的安寧和自由。像這樣無法忘懷，無異增長了它們的氣勢，這是再真實沒有的事了。

凡是在生活中嘗到苦頭的人，應該多想想開心的往事，想想在藝術領域或大自然裡所見的美麗事物，閱讀一些使人振奮向上的書籍。這樣一來，你的思潮完全改了一個途徑，那麼，所有的鬱悶都會煙消雲散，頓時開朗。在你的心中，陽光替代陰暗，喜樂替代憂愁。

當你早晨起床，面對一些使人厭煩的事情，而覺得抑鬱和沮喪的時候，不妨堅定的打定主意；無論發生什麼事，你都要將這一個特別的日子，作為你一生的一個歡樂的日子。這樣，你不但不至於失敗和虛度一日，至少反而要比假使你屈服於沮喪的心境下所做的事，要更有成就些。

瑪蒂爾德女士被認識她的人稱為「最聰明、最快樂的女子」。然而，她本是最容易灰心絕望，神色沮喪的。但是，只要她一感覺快要有這樣的襲擊到來時，她就強迫自己唱一首意氣風發的歌，或彈一首輕快流暢的曲子。這樣，她就能逐漸變得愉快起來了。

只要新思想比老思想更為有力，相反的情緒所產生的威力，是絕對足以排除一切的。治療人們的心情不佳，就是用所有好的情緒去健全他的心靈，當然這需要有堅強的意志力。

再者，要想克服任何錯誤的唯一法則，就是不斷的思考著相反的好德性，並且去實行它，直到這好德性已為你所有。當你為惡劣情緒所困時，你只需對自己說：「這是完全不真實的，它和我那較高層面優秀的自我毫無相關，因為造物者從來就不要我為這些黑暗的影像所挾制。」

你可以不斷的懷念著自己畢生中最愉快的經驗和最美好的時光；不斷的告訴自己，把握所曾享有的種種事物；想著自己已經成功的用很多圓滿把那些失敗的思慮排除出去。

有憂愁來威脅時，不斷的緊記那些充足愉悅的思想，以希望為臂助，描繪出光明燦爛的未來……短時間內，讓這些快樂的思緒圍繞著你，你一定會訝異不已：那些使人發愁、擾人不休的思想，竟都對你退避三舍了！正如一位作家所說：「種種的困難麻煩最害怕的，就是我們不去理睬它們，還嘲弄它們。當我們想擺脫它們，並有了其他更大興趣而遺忘它們；或者，在我們心裡對它們的地位不以為然時，它們就會迅速的抱頭鼠竄而去，不再出現。」

只要肯付出適當的努力，任何人都可能具備這種控制情緒的能力。一旦得到了它，我們就不必再去羨慕那些看起來總是泰然自若和無憂無慮的人了。他們只是肯賣力氣，有著鎮靜而不遲疑的堅決。他們也不是什麼高人，不過是懂得正確的思考，能控制自己的心情，會操縱他人與環境的人。如果我們願意，我們也可以像他們一樣。

☻ 要知道，在我們能控制自我情緒之前，總無法從事我們最佳的工作。只要是受到情緒支配者，就不算是一個自由的人。

能控制自己的思想，就能控制生活

錯誤信念可以誘發失敗的思想。但是對此我們不能逃避，而是要採取更積極的辦法。暫時放下你的工作，在筆記本上寫下幾種自己的消極思想。透過這種方法，你可以深刻意識到這些信念和思想是多麼危險。

改變這一切的第一步，就是知道究竟什麼需要改變。你可以記下三、四個錯誤信念，以及隨之產生的失敗思想，例如，錯誤信念：「我必需積極取悅所接觸的每一個人。」失敗思想：「如果人們對我感到不快，是因為我做錯了什麼。」

錯誤信念和失敗思想，通常存在於我們的意識之中：「是的，我知道我正在對自己這樣說。」但是，由於話語觸發心象，你必須瞭解錯誤信念和失敗思想在你的無意識心理中會產生什麼。如果你停留在上述狀

態，就會發現自己經常在內心重溫先前的失敗經歷，彷彿正在內心觀看一部電影，更增加了他們的自我譴責。

消極意識和心理是危險的，它們會腐蝕你的自尊，儘管你沒有意識到或沒有完全意識到允許這種失敗的心理活動繼續下去，會對你有什麼危害。

再者，錯誤信念以及隨之產生的失敗思想，可能會破壞所有個人努力的重要心理過程。例如，錯誤信念：「某事使我不快樂。」或「我的不快是因為某事。」失敗思想：「只要某事件繼續下去，我就不可能快樂。」它們在你的潛意識心理中產生了什麼呢？或許，你得再次重溫你認為曾導致你不快的某些事件。事件名單可能很長。名單越長，你就變得越不快。

不檢查這種心理過程，就意味著雙重的危險。首先，它強化了你的錯誤信念，導致嚴重的惡性循環：你的錯誤信念誘發了確認這種信念的記憶。其次，這種心理過程，會成為失敗和繼續不快的藉口，促使你逃避自己本應對造成這種局面所承擔的責任。

Chapter 1

培養控制情緒的能力

現在回到自己開列的錯誤信念和失敗思想名單上，並注意每一項在你身上產生的心理活動。注意所產生的心象、對過去情況的記憶、內心對不同事件之間產生的聯想。特別要注意當你想到這些事件時內心出現的情感。這個練習就是要告訴我們：我們的情感來自我們的思想。

☻

如果你能控制自己的思想，你就有能力控制自己的全部生活：其中包括你的情感和你的行動。

生活從來就沒有像你以為的那麼糟

在心情不好的時候，要保持優雅的風度，不要把問題看得太嚴重。情緒是很會騙人的。它們可以騙你，而且常常會讓你相信你的生活比實際上的還糟。當你心情不錯時，生活看起來好極了：你有自己的見解、常識和智慧。心情好的時候，凡事都不難，問題比較不可怕，也容易解決。心情好的時候，人際關係融洽，溝通也很順暢，即使遭受批評，也能欣然接受。

相反的，當你心情不佳時，生活看起來就很糟糕。困難到難以忍受的地步，你就難以保持平衡。你會以為所有事情都是衝著你來的，你會誤解周遭的人，把邪惡的動機歸罪到他們的行為上。

這是個陷阱：人們並不瞭解是他們的情緒在作怪。他們以為生活是

Chapter 1

培養控制情緒的能力

突然在昨天或過去這一小時才變糟的。所以，一個人早上心情好的時候，可能會愛他的妻子、他的工作，和他的車子。他對前途可能感到樂觀，對過去也心存感激。

可是，到了下午，如果心情不佳，他就會說他痛恨自己的工作，討厭自己的太太，覺得他的車子是垃圾，而且相信他的事業沒有前途。如果你在他情緒低潮的時候問起他的童年，他可能會告訴你，那是一個悲慘的童年。他可能會把目前的困境怪罪在父母的頭上。

這樣迅速而劇烈的落差看來雖然荒謬可笑，可是我們全都是這樣的。在情緒低潮的時候，我們失去平衡，每件事似乎都很急迫。我們完全忘了，心情好的時候，凡事似乎都好多了。

我們都經驗過一模一樣的環境，不論我們跟什麼人結婚，在哪裡工作，開什麼車，潛力如何，童年過得好不好，這一切全都取決於我們心情的好壞！情緒低潮的時候，我們不但不怪自己的心情不對，還容易覺得整個生活都不對勁。就好像我們真的相信我們的生活在過去的一、兩個小時中瓦解了。

事實上，在你心情不好的時候，生活從來都沒有像你所以為的那麼糟糕。你不要困在憤怒之中，以為自己看得很實際，你可以學習去質疑自己的判斷。不妨提醒自己：「我當然會有戒心，或感到生氣、挫折、緊張、沮喪；我心情不佳嘛！每次情緒低潮時，我的感受都不好。」當你的情緒糟透時，學會一笑置之：這是人類不可避免的情況，會隨著時間過去的，不必理它。

☻

下一次你情緒不佳時，不論原因是什麼，都要提醒自己：「這也會過去的。」很快，它真的會過去！

不為不可挽救的事實激動，才是聰明

一個「急性子」的人，很容易衝動的把過失推到別人身上。其實，不為不可挽救的既成事實而激動，才是聰明的。

憤慨、怨恨、不滿、惡意、嫉妒，報仇心切等態度會導致身體的疾病，醫生解釋說：「憤恨傷身，抵抗力降低了，身體的毛病一來，就沒有元氣能夠克服它。」

舊金山的醫生查爾斯．麥納．古柏博士寫過一篇文章，名叫《心對心的心臟病忠告》，文中說：「你必須約束自己的情緒反應。我見過病人一發脾氣，血壓就跳升六十毫米汞柱。你想必能瞭解這些反應給心臟多大的壓力。」

蘇格蘭著名外科醫生約翰．亨特自己也有心臟病，深知強烈情緒對心臟的影響。他說，誰激怒了他，就是取走他的性命。後來，他的確是在忘了約束自己，大發雷霆的情況下，才心臟病復發去世的。

古柏醫生建議我們：「每當你開始生氣的時候，請放鬆全身。這將會化解你內在的不安。你的心臟要永遠住在快活、平靜、能控制身心和情緒活動的人體內。」

覺得不舒服時，你應該仔細的分析自己。很多人身體不健康，不是因為吃了壞東西，而是被情緒啃噬——壞的情緒挖走你的精力，降低效率，使得健康惡化，當然也會奪走你的幸福。

有一位即將舉行婚禮的少女患了風濕性關節炎，關節腫得很厲害。她在體溫攝氏三十九度的情況下住進醫院。為了徹底研究病情，醫生只給她吃微量的止痛藥。

兩天後，少女問醫生：「我這種狀況會拖多久？我必須在病院住多久？」

醫生答道：「妳大概得住六個月左右。」

「你是說我要過六個月才能結婚？」她逼問道。

Chapter 1
培養控制情緒的能力

他說：「抱歉，我不敢作更樂觀的論斷。」

這段話是晚上說的。第二天早上，病人的體溫正常，關節也不腫了。醫生觀察了幾天，就叫她回家。

一個月後，她又在相同的病情下回到醫院：體溫攝氏三十九度，關節很腫。

經過詢問，才發現她父親硬要她嫁給一個對他的生意大有幫助的人。女孩子敬愛父親，想照他的話去做，但卻又不願意嫁給自己不愛的男人。於是，潛意識使她患上風濕性關節炎，並有發燒現象。

醫生向她父親解釋說，他若堅持這門親事，他女兒可能會殘廢。女孩子一聽說她不必嫁給自己不愛的人，很快就康復了，從此沒在復發過。

這個事例有力的證明，心靈的痛苦對身體狀況的影響力。

一位心理學家說，嬰兒從四周的人「感染」恐懼和憎恨，遠比感染麻疹或其他傳染病來得快。恐懼的病毒可以深深鑽入潛意識，殘留一輩子。這位心理學家說：「幸虧嬰兒能因感染愛、慈善和信仰，而長成正常健康的大人。」

一位美國醫學專家指出：肌肉和關節的痛楚可能是由於暗暗懷恨身邊某人造成的。他說，這些人通常不知道自己是常年心懷憤慨。

「我們必須強調一點，情緒和感覺與細菌同樣真實，同樣值得重視。如果源自病菌的痛苦和疾病不可忽視，源自情緒的病痛也不可忽視。情緒對健康的影響是不可小覷的。」

醫學專家還提到一位沃特太太的故事。

醫生診斷她的雙手染患了濕疹，並鼓勵沃特太太談談自己。她為人嚴酷，嘴唇薄薄的，臉部線條僵硬。她還患了風濕病。醫生叫沃特太太去找一位精神病學家，專家立刻查出她是有氣憤的遭遇，因而轉化成皮膚疹，由自己身上發洩想抓人的衝動。

最後，醫生坦率的問她：「什麼事情折磨妳？妳為某些事情生氣，對吧？」

她全身僵硬，跑出辦公室，醫生知道自己擊中了她的要害，使她很不舒服。幾天後，她又回來了。因為濕疹太難受，她準備接受治療，就算她不得不拋掉一股恨意，她也認了。原來，她的家人正為一份遺囑吵

Chapter 1 培養控制情緒的能力

架，沃特太太覺得吃了弟弟的虧。等她拋除敵意，病就好了。和弟弟談和後，二十四小時內，濕疹便完全消失。

賓西法尼亞大學醫學院的梭爾博士作過研究，他指出，情緒和普通的感冒也有關係。「我們相信情緒能影響鼻子和喉嚨內層的血液循環，還會影響腺體分泌。這些因素使得呼吸道黏膜更容易受感冒病毒或病菌攻擊。」

既然暴躁、生氣、憎恨和憤慨對於身體有這麼大的影響，那麼解毒劑是什麼呢？就是要使心靈充滿善意、寬恕、誠信、愛的態度和泰然自若的精神。要怎麼樣才做得到呢？下面有幾個非常實用的建議：

一、放棄備戰的姿態

憤怒是一種激烈的情緒，要把它冷卻下來。人生氣的時候，拳頭往往會握起，聲音提高，肌肉緊張，身體僵化。心理上擺出備戰的姿態，腎上腺素遍佈全身。為了消除憤怒，請從容不迫憑意志力將雙手攤開，手指伸直，故意壓低嗓音，改成耳語——耳語絕對吵不起來。坐在椅子上，甚至躺下——躺著是很難發脾氣的。

二、列出每一件你感到不滿的事

憤怒是許多小憤懣堆積而成的。這些小憤懣微不足道，加起來卻會冒起大怒火，所以，請列出每一件你感到不滿的事，無論多麼微小或愚蠢，照樣列出來。目的在抽乾憤怒大河的小支流。

三、學會自我暗示

訓練自己，每次怒氣湧上心頭就說：「這真的值得我生氣傷身嗎？我會出自己的洋相，會得罪朋友。」為了收到效果，每天練習對自己說幾次：「為任何事情激憤或發火都不值得。」並斷言：「犯不著為了一點點小不滿用上全部的情緒。」

四、狀況發生時，盡可能快點處理好

盡量別讓自己多發愁一分鐘。想點辦法，別繃著臉或自憐自艾。別整天懷著憤怒的思緒。把受傷的情感當做受傷的手指來處置，立刻治療。你若不這樣，情況就會被扭曲得不成比例。

五、敞開心靈、讓苦惱流出去

找個值得信賴的人向他吐露心聲，說完就拋到腦後。這樣，你內心的痛苦就會得到釋放和緩解。

☻ 誠實的自問：是否懷著惡意、憤慨或不平？如果有，就把這些情緒扔掉。這些情緒傷不了你的敵人，卻會日日夜夜侵蝕你。

面對煩惱，要採取積極有效的行動

當朋友遇到煩心事向我們傾訴的時候，我們總會挖空心思，想出各式各樣的辦法去安慰他們。我們會說沒有什麼大不了的，明天一切都會好起來。而我們自己在被煩惱羈絆的時候，卻往往不知該如何是好。

那麼，面對麻煩和煩惱的時候，我們最好做些什麼？我們為什麼無法主宰自己，做個聰明的煩惱者呢？

一、加強與他人的交流

每個人都有一套對付煩惱的辦法，大多數情況下我們會刺激或放縱一下自己。比如：酒精療法、電話療法、購物療法等等。一位女士不開心的時候，總是狂吃大喝一通，結果煩惱依舊，越來越走樣的身材卻讓她煩上加煩。

其實，心情不好的時候，透過彼此的交流抵禦煩惱，是一種相對有效的辦法。道理很簡單，假如我們各有一顆蘋果，那麼交換之後我們每人手裡仍然只有一顆蘋果；可是，如果我們交流的是方法，那麼我們會得到兩種以上的方法。

為什麼我們要與人一起分擔煩惱，正如我們希望與人分享快樂一樣，那是因為愛。沒有什麼比得上愛的力量，在交流中我們可以真真切切的感受到對方的愛，進而平靜下來，較為客觀的審視自己的情緒。煩惱的人內心會變得非常浮躁，愛能使人沉靜，坦然的接受現實。

在煩惱面前，你可以是弱者，也可以是強者，但絕不能把自己關在幽怨的黑屋子裡自己折磨自己。走出困境的第一步是主動排遣，曬曬太陽，吹吹風，和朋友聊聊天，讓愛成為迷途中的一盞燈，你的心境會豁然開朗，進而獲得平靜。

二、找出煩惱的緣由，從根本上去解決

戰勝煩惱的另一個法寶是找出問題的癥結。這樣，我們就可以採取現實的態度去對付它了。很多時候，我們的煩惱緣於對自己要求太多，

如果不合現實的慾望總是無法得到滿足，自然會心生煩惱。

法國有一位智者講了一個故事：亞歷山大王有一匹烈馬，所有的騎士都被牠摔下來。有一位聰明人走過來，在馬鞍下找出一根別針，正是這根別針使得馬這般暴躁，他就這樣馴服了這匹馬。

許多事情的道理都是一樣的，重要的是我們能找到那根別針。

三、以積極樂觀的態度消除煩惱

法國作家阿蘭在論述把快樂的智能用於和煩惱做各式各樣的鬥爭時說：「煩惱是我們患的一種精神上的近視，應該向遠處看，保持積極樂觀的心態。這樣，我們的腳步就會更加堅定，內心也就更加泰然。」

比如，如果這會兒下雨了，我們就說：「下雨了。」不要說：「該死的天，又下雨了。」因為這樣說並不能改變下雨的事實。當然，就算我們說：「太好了，又下雨了。」也不能對雨發生任何改變。可是，如果我們把這種話說給人聽，情況就大不一樣！我們說：「你看，太好了，又下雨了！」就會把快樂的情緒傳遞給別人。

一位大提琴家的童年故事可以說就是一個絕好的例證：有一天，他拖著比自己身體還高的大提琴，在走廊裡邁著輕快頑皮的步伐，心情顯然好極了。

一位長者問道：「孩子，你這麼高興，是不是剛演奏完大提琴？」他的腳步並沒有停下：「不，我才正要去。」

這個七歲的孩子懂得一個許多大人不懂的道理：音樂是一件歡樂的事情，而不是我們不得不做的、必須忍受的工作。

四、以寬容平和的態度對待他人

通常煩惱者只看得到自己的煩惱，於是，怨天尤人，抱怨命運。可是，如果我們有意識的變換角度，用一種寬容的態度去想想對方，也許會得出不一樣的結論。

遺憾的是，那麼多情商不高的人，卻從來不去嘗試用寬容的態度理解事由，來挽救自己低落的情緒。

五、採取順其自然的態度

人要活得明白，為不可能改變的事煩惱，實在是一種弱智的表現。一旦悟出了禪機，我們的內心便會一片通明。

海蔘在遇到墨魚攻擊的時候，會丟下自己的一副腸子，得以偷生；蜥蜴也會斷下尾巴，扔給敵人……在力所不能及的時候，退一步海闊天空，道理就這麼簡單。

海蔘和蜥蜴知道什麼重要什麼不重要，所以牠們不哭不鬧，不像我們，瓶瓶罐罐什麼都想要，我們就多了許多負擔，多了許多煩惱。

☻

面對麻煩和煩惱的時候，要能做到上述五點，我們就能主宰自己，做個聰明的煩惱者。

用理智控制和調整自己的心態

有神經質傾向的人，應注意積極的調整自己的情緒，用理智的力量來控制、轉移和調整自己的心態。

很多情商較低的人，往往會表現出一種神經質。神經質的主要表現為責任心淡薄，對批評反應強烈，甚至有時發生暴力行為，缺乏理智，有時說謊，易怒及自我中心等。其性格類型表現為常與人衝突，有顯示自己力量的大膽舉動，傾向於惡意的解釋各種社會現象，以反抗的態度來顯示自己的傾向性。

那麼，如何正確的調整自己的情緒呢？如下建議可供參考：

一、樹立正確的人生態度

在現實生活中，我們經常可以看到，面對同樣的環境和遭遇，人的情緒反應有很大的差異。正確的人生態度，能幫助我們端正看問題的角度，幫助我們想通許多問題，緩解不良情緒，培養積極、健康的情緒。

二、具有寬廣的胸懷

度量寬宏、心胸豁達是保持積極、樂觀情緒的基本條件。那些在情緒上容易大起大落、經常陷入不良情緒狀態的人，幾乎都是心地不寬、心胸狹隘的人。某廠一位工人看到同事在一起聊天，就湊過去，沒想到同事居然不說了，他先是很不高興，繼而產生懷疑，認為同事們都在說他的壞話。他越想越是生氣。當天晚上，他就跑到同事的家中「算帳」，還將同事的朋友和親屬打傷。

這樣的事，基本上是由於神經質所引起的。如果能擴大自己的生活面和知識面，在精神上充實自己，為豐富多彩的生活所吸引，不計較眼前得失，心胸就會自然豁達起來，情緒也不會如此波動了。

三、熱愛工作，學會調節人際關係

對工作缺乏興趣的人，或是人際關係不良的人，精神上沒有寄託，思想不安定，情緒就不穩定，容易產生神經質。反之，一個熱愛工作並具有良好人際關係的人，就容易在自己的身邊形成一個比較和諧、融洽的氛圍。這種氛圍反過來從客觀上又對自己產生了良好的影響，使自己心情舒暢，身心健康。

四、正確的認識和處理危機

人生中諸如疾病、死亡、破產等很難意料的事件，常影響人的心理。雖然人們完全有能力處理這類事情，但這需要時間，過分的焦急不僅於事無補，還會把事情辦壞。

當預感到緊張會出現時，你可在頭腦中設想一下如何處理它，回想一下過去是怎樣對付的，回想一下你所尊敬的人是如何處理的，就可以減少焦慮，採取積極的行動。

☻ 當你發現自己的情緒無法控制時，不妨用下列方法盡快從情境中擺脱出來：脱身離開那裡；想一想別人在這種情境中會扮演怎樣的角色；設想你已解決了一個難題而處在喜悦中；向有同情心的人傾訴自己的想法。

在競爭中揚長避短，減輕心理壓力

競爭讓人們滿懷希望，朝氣蓬勃。這是一種健康的心理。但是，競爭也容易使人在長期的緊張生活中產生焦慮，出現心理失衡、情緒紊亂、身心疲勞等問題。那麼，在充滿競爭的現代社會裡，如何才能揚長避短，保持心理健康呢？如下建議可供參考：

一、應該對競爭有一個正確認識

關鍵是正確的對待失敗，要有不甘落後的進取精神。其次，對自己要有一個客觀的、恰如其分的評估，努力縮小「理想我」和「現實我」的差距。

制定目標時，既不好高騖遠，又不妄自菲薄，要把長遠目標與近期目標有系統的統一起來，腳踏實地、一步一個腳印的做起，這樣才有助於「理想我」的最終實現。

二、在競爭中要能審時度勢，揚長避短

如果在實戰中注意發覺，那麼，很可能會造成「柳暗花明又一村」的新局面。這樣不僅能增加成功的機會，減少挫折，而且會打下進一步發展和取勝的好基礎。

當然，成功了固然可喜，失敗了也問心無愧。如果從中悟出了一番道理，或者在競爭中學到了知識，增長了能力，那麼這種失敗或許更有價值，誰能說它不是明天成功的起始呢？

三、主動走出工作的低潮

身處信息爆炸的時代，你發現自己越來越平庸，原本令你引以為榮的高智商不知到哪去了。面臨工作帶來的巨大壓力，你白天精神倦怠，晚上輾轉反側，久而久之，腦子裡一個似曾相識的想法醞釀開來：「我不想上班了！」

原以為走出了象牙塔就不會有不想上學的想法了，誰知出乎意料的事發生了：一方面，你的工作表現缺少創意，缺少成績；而另一方面，

你卻要花費大量時間去應付那些令你討厭的上司和同事，可謂左右都為難。面對這樣的窘境，不由得令曾經豪情萬千的你滿懷疲憊，於是，你在厭倦中產生了逃離的想法。

自從有了這個念頭，你的情緒愈來愈低落，難熬的八小時逐漸吞噬著你的快樂和笑顏。看著手頭成堆的工作，卻提不起工作熱情。偷偷看一下牆上的掛鐘，時針、分針彷彿蝸牛在挪動；再偷瞄對桌的同事，惡作劇般希望別人與自己一樣百無聊賴。喝掉今天的第六杯茶，可是再多的茶對你停止工作的大腦也毫無用處。你只得在心中暗自嘀咕：是不是該去算算命？

陷入這樣的工作低潮，神仙也幫不了你。與其坐等經理找你談話，不如主動出擊，考慮如何努力讓自己走出低潮，以更大的激情去面對工作。

四、努力保持情緒穩定

為此，你必須做到：

✓不對自己提出不切實際的奮鬥目標，把規劃定在自己能力範圍內。

Chapter 1

培養控制情緒的能力

✓對他人的期望不要太高，避免失望感。
✓排解憤怒情緒，以免失態和後悔。
✓做必要的妥協和讓步，以免小題大做。
✓離開刺激源，避免刺激加劇。
✓找知心朋友，傾訴心聲，以減輕心理壓抑。
✓為他人做好事、善事，以免孤獨。
✓一段時間只集中精力做一件事，以免過多事務而造成精神壓力。
✓不要處處與人競爭，以免精神過度緊張。
✓擴大人際交往，避免孤陋寡聞。
✓自娛自樂、以避免煩惱鬱積。

☻

在充滿競爭的現代社會裡，如果能做到上述四點，就可以揚長避短，保持自我心理的健康。

多方努力，解除心理疲勞

一位著名學者指出：想著悲慘的事，我們就會悲傷。心中滿是恐懼的念頭，我們必會害怕。懷著病態的思想，我們真的可能會生病。想著失敗，則一定不可能成功。心中充滿快樂的思想，我們就能快樂。

心理疲勞是指人長期從事一些單調、機械的工作活動，伴隨著身體狀態方面的變化，中樞神經細胞由於持續緊張，而出現抑制，進而對工作對生活的熱情和興趣明顯降低，直至產生厭倦情緒。它與因連續工作而致使身體能量消耗的生理疲勞有所不同。

產生心理疲勞的另一個主要原因，是精神緊張和學習、工作過量。由於現代生活節奏加快及高度的競爭性，很多人，尤其是年輕人，害怕在競爭中失敗，由此導致了心理的緊張與疲勞。

此外，繁雜的信息轟擊、住房擁擠、噪音、工作條件惡劣、疾病、家庭不和、人際關係緊張、事業遭到挫折等等，也都是誘發心理疲勞的重要因素。

若心理疲勞是由於工作過於單調、機械所致，這說明所從事的工作並未把自己的價值和潛能充分的發揮出來，使得自己產生了厭煩的心理，在這種情況下，最好的方法是改變工作的性質，或者考慮去另謀生路。

對於心理上的疲勞，個人還可以根據自己的性格和愛好，透過各種富於強烈情緒體驗的活動來充實自己的休閒生活。例如：可去散步、看電影、聊天、讀書等，避免因從事的活動過於單一而產生單調、消極的心境。

此外，養生專家建議我們，人一旦陷入緊張的心理疲勞，可透過按壓組成心包經的穴位之一的「勞宮穴」來解除。

「勞宮穴」在手掌正中的凹陷處。心包經是由交感神經系統所控制。當人心理疲勞時，心包經的功能就會紊亂，進而會引起全身的交感神經失調。所以用對側的拇指按壓「勞宮穴」，可有消除心理上的疲勞之效。

☻ 要解除心理疲勞，我們對自我要有一個客觀正確的估計和要求，不能對自己要求過高、過急，凡事要講求適度。根本辦不到的事，不要硬拚蠻幹，避免長期超負荷運轉。

掌控心情，營造良好內心環境

令自己快樂，看起來容易，做起來卻很難。儘管我們每個人都不會跟自己過不去，但實際上，人們的許多壞心情都是自己給自己造成的。房間髒了可以打掃，東西亂了可以收拾，而心情呢？如果最近心情不好，有沒有辦法把它好好整理一下呢？

如果我們參照下面一些心理專家總結的測量心情、管理心情的方法，去營造良好的內心環境，無疑會提升人的精神生活水準。

一、先給自己畫一個「心情譜」

說到「心情」，人總覺得那是一種看不見、摸不著的東西，一個人什麼時候擁有什麼樣的「心情」，恐怕只有自己知道。

那麼，怎樣才能對自己「心情」有個具體瞭解，以便好好的管理它呢？

我們可以借助物理的光譜、波譜以及色譜的概念。假設人類的心情也有這樣一條「譜」，且把它記錄下來加以研究。

具體上該怎麼做呢？請準備一張白紙和一枝鉛筆，測一測你的心情。

首先，用鉛筆在白紙上畫一條直線，像我們小時候畫過的「數線」。然後，從左到右在直線上平均畫出十個刻度，分別寫上一至十這幾個數字。

接著，把你認為的壞心情用熟悉的詞彙描述一下：痛苦、憂傷、悲哀、憤懣、沮喪、煩躁、或者鬱悶；再用同樣的方法表達一般的心情：麻木、索然無味、平淡、還是寧靜；最後，讓我們滿懷憧憬，想像一下你所期待的好心情：欣慰、滿足、愉悅、感恩、激動、興奮，乃至幸福。

然後，從這些詞彙或者你認為更合適的詞彙中挑選十個，以你的理解，按照不同程度的心情由低向高排列，並標注在相應的數字刻度下。一痛苦、二沮喪、三鬱悶、四索然、五平淡、六寧靜、七欣慰、八愉悅、九興奮、十幸福。

評價一下你現在的心情，請在「心情譜」上選擇與你心情相對應的詞彙。

如剛遭遇不幸，非常痛苦，你的心情指數就是一；若是覺得「沒勁」，興趣索然，你的心情指數就是四；假如衣食無憂、家庭和睦，心情介於寧靜與欣慰之間，你的心情指數就是六點五；而要是剛買了車，加了薪水，或者孩子上了名校，比較興奮，你的心情指數就是九。

由於每個人的感受不同，所以即使遇到同樣的事，心情反應的程度也是不同的。比如同樣是新婚燕爾或是金榜題名，有的人可能感覺非常幸福，也有的人僅感到愉悅而已。

二、用「心情譜」瞭解自己的心情特點

除了可以測量心情指數，人還可以透過以上這條「心情譜」瞭解自己心情特點。如果你的心情指數波動不大，比如從平淡、寧靜到欣慰；或在鬱悶、索然和平淡之間徘徊，維持在三個數級內，說明你的心情譜較窄，情緒相當穩定。

也許你的心情指數經常在四到六個數級之間波動，說明你的心情譜

相對寬泛，心情感受較為豐富。

而你的心情指數若是超過六個數級，跳躍幅度較大，如可以感受到深深的痛苦，也能夠體驗到莫大的幸福；或者忽而沮喪，忽而興奮，那就表明你的心情譜相當寬，並且細膩、敏感，但情緒不夠穩定。

透過這條「心情譜」還能瞭解人的心情背景：如果心情譜偏右，指數經常在五以上，表明你的心情背景較為明朗；如果心情譜偏左，指數經常低於五，那就顯示你的心情背景比較陰鬱。

三、為自己營造一種好心情

當測量了自己的「心情」，瞭解了心情特點後，就可以有目標的為自己營造一種良好的、有益於健康的內心環境了。如已知你的心情譜較窄，心情指數經常徘徊在一到三之間，內心無法擺脫痛苦、沮喪和鬱悶，生活總被負面情緒所籠罩，這個時候，就需要對自己進行心情管理了。

那麼，具體該怎樣消除不良情緒，使自己經常保持一個好心情呢？

一、每天「入靜」五分鐘

人的心情，用一位著名主持人的話說，就是：「幸福和悲傷各佔了百分之五，剩下的就是平淡。」而能夠常保持平淡心，其實也不易。

人生在世，不如意事十之八九，而且這種不如意往往不因個人意志而轉移，怎麼辦？最有效的辦法是學會調整和適應。每當遇到心情不好的時候，不是說想平靜就能平靜的。改善心情的途徑固然很多，但都需要一定的時間和精力。不妨試試一種簡單的「心情保健操」，每天只需五分鐘。

無論何時，無論何地，無論站、坐還是臥，但最好獨處一隅。選擇一個你認為最舒適的體位，將身體展開，完全放鬆。平心靜氣、閉目安神、自然呼吸、萬念皆拋，把五分鐘化整為零，一秒一秒的靜靜體會，進入一種恍惚的狀態，彷彿天地間只有你自己。五分鐘結束，接著，做你想做或者應該做的任何一件事，盡可能的全心全力投入。感覺一下，心情是不是好些了？

二、每天要多微笑幾次

一位在一家發行量很大的雜誌社工作的主編，名片上除了姓名和聯繫方式，沒有任何頭銜，只印有一行字：「你微笑，世界也微笑。」每當他遞出名片的時候，都能看到對方會心的微笑。

微笑，是人類傳達親和態度的表情。在心情好的時候，人們才會經常微笑；只有會微笑的人，才能在人際交往中更受歡迎。因此，你每天要多微笑幾次，不僅是對熟悉的人，也可以對陌生人。這樣，你就必然經常收穫人們友好的笑容。

人類微笑的時候樣子很好看，不信你對著鏡子照照。當你對別人微笑時，人們也對你微笑；當你由衷的微笑時，你會發現整個世界都在微笑。

三、要相信自己能夠控制心情

有人可能會說：「心情不好，不是我的錯，而是受到客觀事物的影響。如上班搭公車，車內的擁擠，引起我不滿；公司上級行事不公平，想提意見又怕被報復，所以不愉快。」總之，自己心情不好都是因為他人行為所致。

問題就出在這裡。日常生活中，煩惱也罷、失望也罷、不平衡也罷，幾乎所有的「刺激源」都來自外界。

Chapter 1

培養控制情緒的能力

所以，每當遇到不開心的事，人總是習慣於從外界找原因，很少冷靜下來向內從自身找原因。往往忽略了自己的內心世界和自身存在的問題。你可以認真分析一下自己：期望值是不是過高？希望是不是不切實際？所瞭解的信息是否不夠全面、準確？與對方是否缺少必要的溝通？或者溝通的技巧是否不夠藝術？也許自身的問題解決了，導致負面情緒的原因就消散了，你的心情也就晴朗了。

☻

開啟快樂門的鑰匙，其實就在你自己手中。

樂觀的態度，是成功的關鍵點

CHAPTER 2

鍛鍊良好的心理素質

人們認為壓制、忽略情緒，能讓我們採取真正理智的行動；卻沒有認識到，情緒與理智不可分離，而且還帶著巨大的能量，時刻影響著我們。在生活中，一個情商高、有積極而樂觀心態的人，如同一塊人際交往的磁石，能吸引周圍的人。

要重視如何提高自己的情商

心理學家指出，情商比智商更重要。智商高並不代表一定能夠取得傑出成就。你是否能出人頭地，智商只有百分之二十的決定作用；其餘的百分之八十來自其他因素，其中最重要的是情商。

一天下午，紐約市天氣潮濕陰沉，令人鬱悶不適。丹尼爾·格雷蒙搭公車準備回旅館時，中年的司機面露熱切笑容，向他問好，並向每一個乘客打著招呼。

公車在市內交通繁忙的街道上慢慢前行，這位司機不斷聲情並茂的介紹：「那家商店正在舉行驚人大減價……這所博物館有精彩的展覽……下個街區那家戲院剛上映的電影你們聽說過沒有？」乘客下車時，人人都不再繃著臉孔。司機大聲說：「再見，祝您今天過得開心！」大家都報以微笑。這件事在丹尼爾的腦子裡思索了好多年。他認為這位司機實在是一個不尋常的人。

丹尼爾熟識的賈森和這位司機則迥然不同。賈森是某高中的資優生，立志要進哈佛醫學院。有一次，這個男孩在物理測驗中只拿到八十分，他覺得可能影響到他實現進哈佛的夢想，便帶了一把菜刀回到學校找物理老師理論。爭執時，他刺傷了老師的鎖骨。

這男孩顯然天生聰穎，怎麼會做出那麼不理性的事呢？丹尼爾認為：原因就在於賈森的情商太低了！

情商（ＥＱ）是情緒智力或情感智慧的簡稱，是個人具有的對自己及他人情緒的識別與控制，並能利用此信息來指導其思維和行動的一種社會智慧。有學者把情商分為五個部分：認識及察覺個人情緒、妥善管理個人情緒、自我激勵、認識他人情緒及處理人際關係的能力。

以下是心理學家總結的關於情商的一些要素，以及促進這種智慧的方法：

一、自我覺察的能力

自我覺察就是指某種感覺一產生，你就能覺察到。這種能力是情商的主要成分。對自己的情緒瞭解得比較清楚的人，比較善於駕馭自己的人生。

要培養自我覺察的能力，首先需要認識自己的直覺，即神經學家安東尼奧．達梅斯奧在他的著作《笛卡兒的謬誤》中所謂的「身體標記」。直覺會在不知不覺中產生。例如，給怕蛇的人看蛇的照片時，即使他們說不覺得怕，放在他們皮膚上的傳感器卻會探測到汗，而出汗是焦慮的表現。

只要努力練習，我們就能對自己的直覺有更敏銳的覺察力。例如，有個人遇到了不如意事，懊惱了幾小時。他也許不知道自己急躁不安，直到有人提醒，才訝然發覺。要是他能覺察自己的反應，就能盡早控制自己的情緒。情緒上自我覺察的能力是培養情商的另一項要素，那就是：趕走壞心情。

二、駕馭心情

跟好心情一樣，壞心情也能為生活增添趣味，形成一個人的性格。關鍵是必須保持平衡。很多人在情緒激動時，往往無法自制。但是，實際上我們能決定讓這種情緒左右自己多久。

美國心理學家黛安．泰絲訪問過四百多名男女，問他們用什麼方法擺脫惡劣心情。她這項研究提供了寶貴的資料，教人如何驅走壞心情。大家都想避免的各種心情之中，憤怒似乎最難應付。公路上有輛汽車突然插到你車子前方，你的即時反應可能是心裡暗罵：「這混蛋！差點就撞到我，可不能讓他就這樣跑掉！」你越這樣想就越生氣，可能因而失去理智，魯莽駕駛。

怎樣才能使自己息怒呢？有一派學者說，發洩能令你覺得舒服些。

然而，研究人員發現這是最糟的做法。勃然大怒會刺激腦部的喚起系統活躍起來，令你怒氣更增，而不會平息。比較有效的方法是「重新評斷」，即自覺的用比較積極的角度去重新看一件事。

就以那個突然插入你前面的司機為例，你可以告訴自己：「他也許有急事。」心理學家發現，這是極有效的止怒方法。

另一個有效辦法是獨自走開，去讓自己冷靜下來。如果你氣得已無法清醒的思考，冷靜一下尤其有用。泰絲發現，大部分男人出去開車兜風之後，就能恢復心平氣和。另一種比較安全的方法是運動，例如去散步一段時間。

無論你用哪一種方法，切記不要再去想那些令你生氣的事。你的目標應是把心思轉到別的事情去。重新評斷和轉移心思這兩種方法都能助你減輕抑鬱、焦慮和怒氣。此外，深呼吸和冥想，也是對付壞心情的犀利武器。

三、自我激發

有建設性的自我激發—即鼓起熱誠、幹勁和信心—是爭取成就所必須的。專家對奧運選手、世界級音樂家和國際象棋大師做過研究，發現這些傑出人物有一個共同特徵：能激發自己苦練不輟。

要激發自己去爭取成就，首先要有明確的目標，以及「天下無難事」的樂觀態度。

一位美國心理學家建議都市人壽保險公司特別僱傭了一批在普通才能測驗中不及格、但是非常樂觀的求職者，然後拿他們和那些在才能測驗中及格、但是非常悲觀的保險推銷員互相比較。

結果他發現，樂觀組在第一年的業績比悲觀組高百分之二十一，第二年更多出百分之五十七。悲觀的人遭人拒絕時，可能自怨自艾：「我是個失敗者，會一輩子都做不成一宗買賣。」樂觀的人則會這樣自我開解，「也許我用錯了方法」或者「碰巧那顧客心情不好」。樂觀的人把失敗歸咎於客觀環境而不是他們自己，進而激勵自己繼續努力。

你為人是樂觀還是悲觀，也許是天生的；但只要肯努力與練習，悲觀的人就能學會開朗。心理學家的研究顯示，如果你一發現自己有消極、自暴自棄的思想，就把它控制住，你便能把情況重新評斷，覺得還不至於太糟。

四、控制衝動

自我調節情緒的一個要素，是要能夠為了達到目標而抑制衝動。心理學家瓦爾特·米斯切爾在二十世紀六十年代開始在史丹佛大學一所幼兒園內做的實驗，證明了這種能力對成功的重要性。

在實驗中，研究人員告訴小朋友，他們可以立即拿走一粒果汁軟糖，但如果他們能等到研究人員做完一些事情，就可以拿兩粒。有些小朋友立刻就拿了，其餘的卻在那裡等了對他們來說漫長的二十分鐘。為了幫助自己抑制衝動，有些孩子閉上眼睛不看眼前的誘惑，有些則把頭枕在手臂上，或者自言自語、唱歌甚至睡覺。這些堅強的孩子都得到了兩粒果汁軟糖。

這項實驗更令人感興趣的部分是後續調查。

那些四歲時就能為了要多拿一粒糖而等待二十分鐘的人，到了少年時，照樣能夠為了達到目標而暫時壓抑心中的喜好。他們待人處事比較圓熟，比較果斷，也比較善於克服人生中的挫折。相反的，那些急著拿一粒糖的孩子，到了青少年階段，大多比較固執、優柔寡斷和容易精神緊張。

抑制衝動的能力是可以鍛鍊出來的。當你面對誘惑，要提醒自己不要忘記了你的長遠目標，這樣，你就比較容易自制，不會輕易採取行動了。

五、人際關係

與同事、情人、朋友或家人相處，鑒貌辨色、善解人意是很重要的。

我們經常在幾乎不知不覺中發送或接收情緒。例如，有人對你說「謝謝你」，從他的態度，你會感覺到他是正在打發你走、真正感激你，還是只不過在敷衍你。

☻ 我們越善於從別人發出的信號辨別這個人的感受，便越能控制自己發出的信號。一個人是否能出人頭地，最關鍵的是情商，而不是智商。

追求成功者應有的心理素質

心理學家發現，一個人如果缺乏應有的心理素質，即使平時表現再良好，在競技場上也會失敗。

后羿是夏朝著名的神箭手。他練就了一手百步穿楊的好本領，立射、跪射、騎射樣樣精通，幾乎從來沒有失過手。夏王聽說了這位神射手的本領，十分欣賞他。

有一天，夏王想把后羿召入宮中來，準備領略他那爐火純青的射技。他命人把后羿帶到御花園裡，找了個開闊地帶，叫人拿來了一塊一尺見方、靶心直徑大約一寸的獸皮箭靶，用手指著說：「這個箭靶就是你的目標。如果射中了的話，我就賞賜給你黃金萬兩；如果射不中，那就要削減你一千戶的封地。」

后羿聽了夏王的話，一言不發，面色變得凝重起來。看著一尺見方的箭靶，想著即將到手的萬兩黃金或即將失去的千戶封邑，心潮起伏，難以平靜。

平素不在話下的靶心變得格外遙遠，他的腳步顯得相當沉重。他慢慢走到離箭靶一百步的地方，然後取出一支箭搭上弓弦，擺好姿勢，拉開弓，開始瞄準。

想到自己這一箭出去可能發生的結果，后羿的呼吸變得急促起來，拉弓的手也微微發抖，瞄了幾次，都沒有把箭射出去。

最後，后羿一咬牙鬆開了弦，箭應聲而出，「啪」的一聲釘在離靶心足有幾寸遠的地方。后羿臉色一下子白了，他再次彎弓搭箭，精神卻更加不集中了，射出的箭也偏得更加離譜。后羿收拾弓箭，悻悻的離開了王宮。

夏王在失望的同時，掩飾不住心頭的疑惑，就問道：「后羿平時射起箭來百發百中，為什麼今天大失水準呢？」

有一位一直在旁邊觀察的大臣解釋說：「后羿平日射箭，不過是一般練習，在一顆平常心之下，水準自然可以正常發揮。可是今天他射出的箭直接關係到他的切身利益，他根本無法靜下心來施展技術，又怎麼能射得好呢？」

本來穩操勝券的后羿，因為心理負擔過重而大失水準，最終黯然離場。他的悲劇有各式各樣的解釋，但是我們從心理學上分析，可以歸因於約翰遜效應。

約翰遜效應得名於一位名叫約翰遜的運動員。他平時訓練有素，實力雄厚，但在體育賽場上卻連連失利。人們借此把那種平時表現良好、但由於缺乏應有的心理素質，而導致競技場上失敗的現象，稱為約翰遜效應。

在日常生活中，有些名列前茅的學生在大考中屢屢失利，有些實力相當強的運動員卻在賽場上發揮異常，飲恨敗北等等。細細聽來，「實力雄厚」與「賽場失誤」之間的唯一解釋只能是心理素質問題，主要原因是得失心過重和自信心不足。

一九七二年，尼克森競選連任。由於他在第一任期內政績斐然，所以大多數政治評論家都預測尼克森將以絕對優勢獲得勝利。然而，尼克森本人卻很沒自信，他極度擔心再次出現失敗。在這種潛意識的驅使下，他鬼使神差的做出了令所有人大吃一驚、也令他自己懊悔終生的事情。他指派手下的人潛入競選對手總部的水門飯店，在對手的辦公室裡安裝了竊聽器。事發之後，他又連連阻止調查，推卸責任，在選舉勝利後不久，便被迫辭職。

有些人平時「戰績纍纍」，卓然出眾，造成一種心理定勢：只能成功不能失敗，再加之賽場的特殊性，社會、國家、家庭等方面的厚望，使得其患得患失的心理加劇，心理包袱過重，被如此強烈的心理得失所困擾，怎麼能夠發揮出應有的水準呢？

要走出「約翰遜效應」的影響，必須主動去克服對失敗的恐懼。最有效的解決方法，就是保持一顆平常心。有人說，幸福就像貓的尾巴一樣，越是不停的追逐，就越是追求不到；可是一旦慢下來，停下來，它卻與你如影隨形。所以，對任何事情的得與失、成與敗都要仔細思考，走出狹隘的患得患失的陰影，不貪求成功，只求正常的發揮自己的水準。

一個人的進取心太強，對某個事物刻意追逐，目標就會像蝴蝶一樣振翅飛遠。而平常心可以使人心緒寧靜、處變不驚，更易達成目標。而且，平常心也可使自我產生情感撫慰，使人的生活更加和諧平衡。

你可以把不幸事件變成有益的因素

納撒尼爾．鮑迪奇生於一七七三年，六十五歲時去世。從十歲開始，他主要靠自學學會了拉丁文，所以，他可以讀牛頓的《原理》。到了二十一歲，他已經成了小有名氣的數學家。後來，他跟船出海，又開始研究航路計算。

有一次出海時，他教全體船員根據月亮的方位確定船的方位，甚至連船上的廚子都跑過來聽。再後來，他寫了一本關於航海的書，成了這個領域的權威。對一個沒受過任何正規教育的人來說，這是很了不起的。

鮑迪奇是個「先天不足」的人，但他根本沒想過，大概也沒有人跟他說，成為科學家的首要條件就是要上大學。於是，他無畏的向前闖，自學掌握了他想要的知識。對足跡遍及七大洋的納撒尼爾．鮑迪奇來講，困難只不過是嚇倒懦弱者的障礙。

貝爾有一次向他的朋友——華盛頓市史密斯桑那研究院院長約瑟夫．亨利抱怨說，因為不懂電，他的工作受到嚴重影響。

亨利沒有安慰貝爾，說諸如：「太慘了，小伙子，可憐吶！從沒機會學習有關電的知識。」他沒有說貝爾的父母應該送他上大學，應該給他多點幫助等等——誰都知道這樣順水推舟的話說起來很順口。但對眼前的這個年輕人，他只是簡短的說了一句話：「去學吧！」

後來，貝爾實實在在的去學了，學到的知識也幫助他完成了人類通訊歷史上最偉大的發明。

貧窮也可以成為某些人逃避責任和認輸的藉口。但是，那些高情商的成功人士卻能夠透過自己的努力超越貧窮的障礙。美國第三十一任總統胡佛出生在依阿華州的鐵匠家庭，他從小是個孤兒；前ＩＢＭ公司董事會主席托馬斯曾經是個書記員，沒用過什麼機械，薪水是每週兩美元；電影界大亨阿道夫．佐克，當年在渡船上幫忙時，也是每週賺兩美元，那時，他開了一家簡陋的娛樂廳，他的第一家娛樂場所。

這些顯赫的成功人士，從不說貧窮是成功的障礙。他們太忙了，忙著去戰勝困難，沒時間自怨自艾。

羅伯特．史蒂文森，因為身體不好，一生纏綿病榻。但他從來沒有被疾病打倒，無論是工作還是生活，他總表現得像沒事人一樣。光明、力量、健康和活力在他的字裡行間閃耀。因為他不向疾病低頭，文學世界平添了一抹亮麗。

究竟有多少精英曾經歷過失意？究竟有多少人傑歷經磨難，終成正果？拜倫勳爵的腳先天畸形，凱撒有癲癇，貝多芬是個聾子，拿破崙是個小矮個兒，莫扎特患肺癆，羅斯福飽受小兒麻痺後遺症折磨，海倫．凱勒從小就既盲又聾……蕭伯納最討厭那些抱怨環境妨礙他們發展的人。「有些人喜歡把他們的不幸歸咎於環境。」他寫道：「我不信。人們來到這個世界，就是要尋找他們想要的環境。如果他不喜歡周圍的環境，可以努力去改善嘛！」

你聽說過美國大聯盟最佳投手摩德凱．勃朗的故事嗎？他的父母非常貧窮，但和一般的美國人一樣，他們並不認為自己真正貧窮。摩德凱從小就決心要成為大聯盟的投手，從兒童時代就表現出與眾不同的才能。

和當時所有的孩子一樣，他也在農場工作補貼家用。有一天他的手被機械夾住，失去了右手食指的大部分，中指也受了重傷。如果是一個消極思維的人，一定會悲觀的認為：「當投手的希望完全破滅了。要是沒有發生那件事就好了。手變成這樣，再也不能投球了。夢已飛到窗外去了，完全不可能實現了。」可是這位少年不這樣想，也沒那樣說。他完全接受了這個不幸的事實，盡自己最大的努力，學會用剩餘的手指投球，終於成為地方球隊的三壘手。

有一天，摩德凱從三壘傳球到一壘，球隊經理剛好站在一壘的正後方，看到旋轉的快速球劃著美妙的曲線進入一壘手的手套裡，驚歎道：「摩德凱，你是天生的好投手。球控制得好，球速也快。那種會旋轉的球，任何打擊者都會揮棒落空。」

摩德凱投的球速度快，又有角度，上下飄忽，然後進入捕手手套的中央。打擊者都束手無策。摩德凱將打擊者一個個三振出局。他的三振紀錄和勝投場次都很了不起，不久便成為美國棒球界最佳投手之一。

鍛鍊良好的心理素質

正是受傷的手指，也就是變短的食指和扭曲的中指，使球產生了如此與眾不同的角度和旋轉。那麼，少年摩德凱是如何把不幸事件變成對自己事業有益的因素的呢？

他在信仰虔誠的家庭中長大，從小就樸實的相信發揮自己的力量能完成任何事情。就因為他的情商高，具有積極的人生態度，才能發揮難以置信的力量，解決了人生中幾乎不可能解決的困難問題。正因為他完全排除了「要是那樣的話」、「做不到」或「不可能」的語言，所以才能成為傑出的棒球選手，名揚後世。

任何人都潛藏有比自己所瞭解的更優秀的素質。最重要的就是要說創造性的話：「下一次」、「能做到」、「有可能」。

☻

和具有「積極思維」的聰明人一樣，你也絕不要用「要是那樣的話」、「做不到」、「不可能」這類詞句。

克制自己，提高自我控制的能力

高情商的人往往是一個能成熟的調控自己情緒的人，這對於他們的成功非常有幫助。

在二十世紀六十年代早期的美國，有一位很有才華、曾經當過大學校長的人，參與競選美國中西部某州的議會議員。此人資歷很高，又精明能幹、博學多識，看起來很有希望贏得選舉的勝利。但是，在選舉的中期，有一個很小的謠言散佈開來：三、四年前，在該州首府舉行的一次教育大會中，他跟一位年輕女教師「有那麼一點曖昧的行為」。

這實在是一個彌天大謊。這位候選人對此感到非常憤怒，並盡力想要為自己辯解。由於按捺不住對這一惡毒謠言的怒火，在以後的每一次集會中，他都要站起來極力澄清事實，證明自己的清白。

其實，大部分的選民根本沒有聽到過這件事。但是，現在人們卻愈來愈相信有那麼一回事，真是愈抹愈黑。有些選民振振有詞的反問：「如果他真是無辜的，他為什麼要百般為自己狡辯呢？」如此火上加油，這位候選人的情緒變得更壞，也更加氣急敗壞聲嘶力竭的在各種場合下為自己洗刷，譴責謠言的傳播。

然而，這卻更使人們對謠言信以為真。最悲哀的是，連他的太太也開始轉而相信謠言，夫妻之間的親密關係被破壞殆盡。最後，他失敗了，從此一蹶不振。

人們在生活中有時會遇到惡意的指控、陷害，更經常會遇到種種不如意。有的人會因此大動肝火，結果把事情搞得越來越糟；而有的人則能很好的控制住自己的情緒，泰然自若的面對各種刁難和不如意，在生活中立於不敗之地。

後一種人就是在生活中容易獲得成功的高情商人士。美國第四十任總統雷根就是這樣一個人。

一九八〇年美國總統大選期間，雷根在一次關鍵的電視辯論中，面對競選對手卡特對他在當演員時期的生活作風問題發起的蓄意攻擊，絲毫沒有憤怒的表示，只是微微一笑，詼諧的調侃說：「你又來這一套了。」一時之間，引得聽眾哈哈大笑，反而把卡特推入尷尬的境地，從而為自己贏得了更多選民的信賴和支持，並最終獲得了大選的勝利。

情商不夠高、缺乏自我控制能力的人一定要清楚，你是生活在社會中，為了更好的適應社會、取得成功，你有必要控制自己的情緒情感，理智的、客觀的處理問題。但是，控制並不等於壓抑，積極的情感可以激勵你進取上進，加強你與他人之間的交流與合作。

如果你把自己的許多能量消耗在抑制自己的情感上，不僅容易患病，而且將沒有足夠的能量對外界做出強有力的反應。因而，一個高情商的人應是一個能成熟的調控自己情緒情感的人。

約束自己往有益的目標前進

德國詩人歌德說：「誰若遊戲人生，他就一事無成，不能主宰自己，永遠是一個奴隸。」要主宰自己，必須對自己有所約束，有所克制。

班傑明．富蘭克林的侄子波特是一個聰明的年輕人，很想在一切方面都比他身邊的人強，他尤其想成為一名大學問家。可是，許多年過去了，波特的其他方面都不錯，學業卻沒有長進。他很苦惱，就去向富蘭克林求教。

富蘭克林想了想說：「我們去登山吧！到山頂你就知道該如何做了。」

那山上有許多晶瑩的小石頭，煞是迷人。每見到波特喜歡的石頭，富蘭克林就讓他裝進袋子裡揹著。很快，波特就吃不消了。

「叔叔，再揹，別說到山頂了，恐怕待會兒連動也不能動了。」他疑惑的望著叔叔。

「是呀！那該怎麼辦呢？」富蘭克林微微一笑。

「該放下。」

「那為什麼不放下呢？揹著石頭怎麼能登山呢？」富蘭克林笑了。

波特一愣，頓時明白了。他向叔叔道了謝就走了。從此，波特再也不沉迷於遊戲了，一心做學問，進步飛快，終於成就了自己的事業。

其實，人要有所得必要有所失，只有學會放棄，才有可能登上人生的極致高峰。一個人要成就大的事業，不能隨心所欲、感情用事，對自己的言行應有所克制，這樣才能使細微的錯誤、缺點得到抑制，不致鑄成大錯。哪怕是對自己的一點小的克制，也會使人變得強而有力。為了實現目標，為了獲得理想的生活，也許你必須做一些自己不想做的事，放棄一些自己深深迷戀的事，這樣就感到了一定的「約束」。但是，為了生活，為了目標，為了成功，我們不能試圖擺脫一切「約束」，而是應該在「約束」的引導下，一步步沿著既定的目標，穩妥的前進。

Chapter2

鍛鍊良好的心理素質

自我約束表現為一種自我控制的感情。情商高的人懂得，自由並非來自「做自己高興做的事」，或者採取一種不顧一切的態度。我們要能戰勝自己的感情，證明自己有控制自己命運的能力。如果任憑感情支配自己的行動，那便使自己成為了感情的奴隸。一個人，沒有比被自己的感情所奴役而更不自由的了。

我們每個人都在透過努力做使自己生活更有意義的事，向著未來的目標奮進。但是，生活在現實的世界中，我們絕不應該採取僅使今天感到愉快的態度，而絲毫不顧及明天可能發生的後果。

我們的感情大都容易傾向於獲得暫時的滿足，所以，我們要善於做好自我約束。那些提供大量暫時的滿足的事，通常就是對我們長期的健康、快樂和成功最有害的事情。因此，在追求一種有意義的生活時，我們應當努力預測自己所從事的事情對將來可能產生的後果。

不論你現在如何享受目前的生活，深謀遠慮總會有益於你考慮未來。那些總是失敗的人，一再使用「我沒有另外的選擇，我不得不這樣」這種藉口。而實際上，是他們不願付出短期不自在的代價，換取享受長期的更大的報償。一個沒有養成自我約束習慣的人，可能反覆的屈從於一種誘惑，而從事一種不該做的事。這種錯誤的後果，甚至嚴重到能長期影響一個人的成敗。

要具備自我約束的能力，必須不斷的分析自己的行動可能帶來的長期後果；同時，必須不屈不撓的按照自己的決定而行動。人人都能偶爾表現出自我約束能力，但是要取得成功，就要堅持不懈。所謂一生不是指別的什麼，它只不過是年、月、日的累積。那些短時間和階段內發生的事，將決定你的一生是否成功。

要做到自我約束，必須抑制自己感情的衝動。人們行動的基礎，通常可分為兩種：根據感情衝動或根據自我約束。感情衝動的行事，無異於是一種失去控制的危險生活。然而，我們卻依舊總是憑感情衝動行事，這往往會引起嚴重的後果。

實際上經常發生的是：當一大群人朝著一個方向行走，而你的理智或常識告訴你那是一個錯誤的方向時，你自我約束的能力就受到嚴重的考驗。這時，也正是你必須運用自我約束的力量壓倒你盲目跟隨潮流時那種短暫的舒服感受的時候，要提醒自己，很可能這個潮流從長遠看並不正確。

每一個人必須具有自我約束能力，不讓別人用次要的計劃或無關的事情拉你離開軌道。我們必須有自我的約束能力，保持頭腦不受種種雜念的干擾。我們必須養成一種把那些對創造性過程沒有好處的東西全部阻擋在外的習慣。對任何職業都一樣，取得成功的結果，直接依賴於我們堅持用在一貫緊張的、不間斷的創造性思維上的時間量。也就是說，自我約束、專心致志，是通向成功的必經之路。

為了達成目標，計劃中應該包括一把「成功量尺」，雖然一般人好像不喜歡讓測量用的儀器來指導行動，但是成功的人都強調，自我評量是必要的。

這種自我評量其實是對自己進行的自我評價。毫無疑問，個人事業的發展是階段性的。在每一個不同的階段，個人努力的方式、方法都會有所不同，取得的成績、獲得的進步也有大小、緩急的差別。

在這種情況下，每個人必須對自己的發展情況進行自我評量，即評價。比如說：我這一階段發展事業的大致方向正確嗎？這一種生產經營模式是否適合我的事業？還有更好的嗎？這一階段的發展情況怎樣，與前一階段發展情況比是減緩、一致、還是加快了？其原因何在……等等。

透過對這一系列問題的反省和研討，我們能夠對個人事業的發展情況有一個全面、整體的瞭解。對這些成績或問題的剖析，可以使我們獲得有益的經驗和改進的方法，因而使自己在發展個人事業的征途上走得更加堅定和充實。

自我評量的巨大作用還在於對發展事業的自我督促上。比如說，你在這一個發展階段上獲得了成功的經驗，取得了很大的進步，你就會在自我檢討中得出結論，受到啟發，督促並警惕自己戒驕戒躁，發揮優勢、長處，以取得更大的成績。而如果你在這一階段的發展情況不很理想，那你就會吸取經驗教訓，總結失敗原因，並思考解決的辦法，督促並鞭策自己走好下一步。你只要思考就能理解：沒有自我評量的方法，如何評判成功與否呢？

一個名叫傑克的老闆與四名助手經營一家店鋪，他便是憑著對每週收入情況的研究，來評估店鋪的整體經營成績。但是，他另外還決定改善與顧客的關係，只是一時不知道怎麼評估這個目標。他說：「當時覺得非常為難，如何才能測量工作人員的禮節態度是否進步了呢？」

經過一番思考，傑克決定每個月抽樣訪問二十名顧客，請他們對店內的服務態度做出等級評分。他發現：「圖表顯示每個月的調查情況很有用，店內全體員工都很看重這件事，結果，我們這個月的收入便提高了百分之二十一。」

如果傑克沒有自問：「我如何測量成果，以便客觀評價經營成效？」他就不可能有這樣的結果。每個人的目標也要能夠進行自我評量。人們需要自己建立成功的標準並尋找途徑監督自己的進步，否則就沒有俯瞰整體、全面的觀點。

☻ 把目標限定在一段時間範圍內完成是非常有用的，有了起始日和截止日，就有了壓力，這往往足以使人約束自己，集中精力和心神，認認真真的去完成一件事。

適度控制激情，防止衝動和魯莽

阿米爾說：「沒有激情，人只不過是一種潛在的力量。就像火石，在它能夠發出火星之前等待著鐵的撞擊。」唯有激情，才能讓你成為萬裡挑一的人物。然而，激情奔放的力量如果不加以控制，則過猶不及，會使你的心智失去平衡，而這正是你可能摔跤的地方。心理學家發現，衝動是與生俱來的：

✓我總是不耐煩，喜歡做一些能讓我覺得特別刺激的運動。
✓我忍受不了倦怠，因此總在不停的追尋新鮮刺激的感覺。
✓我希望自己的努力很快就能做出成績。
✓我不是一個特別有耐心的人，而且我的行為時常帶有好鬥性。
✓我總是靜不下心來，常常很快的做出判斷和決定，沒什麼計劃性，

Chapter2

鍛鍊良好的心理素質

也不會去考慮我的決定將給自己和周圍的人帶來的後果。

如果你的性格與以上這段自白能夠對上，那麼你就是一個容易衝動的人，而你一生事業的成功或者失敗，差不多都將由這種性格決定。你唯一的對策便是控制自己，控制衝動，像駕馭烈馬一樣。如果此時此刻你能夠保持理智，壓住冒險的衝動，不受誘惑，坐懷不亂，那麼，你的定力足以使你在以後的日子裡遇事冷靜，不會因衝動而遭受重創！

人需要激情，需要冒險，而且需要保持這樣的激情和冒險精神。但是冒險激情絕對不能是頭腦發熱的，而是理智的、清醒的，建立在充分獲得信息的客觀分析的基礎之上的。這需要修煉，不是頭腦一熱、一衝動就行的。

為了更加有效的利用你的激情，為了增加冒險的成功係數，一定要適度的進行自我控制，防止衝動和魯莽。

自我控制能力是情商的一個重要方面。自我控制是個人對自身的心理與行為的主動掌握，是個體自覺的選擇目標，在沒有外部限制的情況下，克服困難，排除干擾，採取某種方式控制自己的行為，以保證目標的實現。

自我控制行為的出現，一個首要的前提條件就是要具有自我控制的意識。也就是說，一個人必須在認知上形成明確的觀念，認識到應該自己管住自己。

而一個人自我控制意識的形成是與其對制度、規則的清楚認知以及自身行為對自己及他人的影響的認知密切相關的。也就是說，在規則認知或行為後果認知的基礎上，一個人出於對規則、制度的遵守，或者是為了避免由於自己行為對自己與他人造成的不利影響的出現而抑制自己的衝動，抵制外界的誘惑，進而表現出自我控制的行為。

許多人都會在情緒衝動時做出使自己後悔不已的事情來，因此，應該採取一些積極有效的措施來控制自己衝動的情緒。如下建議可供參考：

一、盡量保持理智

對事物認識越正確，越深刻，自制能力就越強。比如，有的人遇到不稱心的事，動輒發脾氣，訓斥謾罵，而有的人卻能冷靜對待，循循善誘以理服人。為什麼呢？古希臘數學家畢達哥拉斯說：「憤怒以愚蠢開始，以後悔告終。」所以對自己的言行失去控制，最根本的就是對這種粗暴作風的危害性缺乏深刻的認識，因而對自己的感情和言行失去了控制，造成了不良影響。

法國著名作家小仲馬有過這樣一段經歷，他年輕時愛上了巴黎名妓瑪麗·杜普萊西。瑪麗原是個農家女，為生活所迫，不幸淪為娼妓。小仲馬為她嬌媚的容顏所傾倒，想把她從墮落的生活中拯救出來，可是她每年的開銷要十五萬法郎，光為了給她買禮品及各種零星花費，他就借了五萬法郎的債。

他發現自己已面臨可能毀滅的深淵，理智終於戰勝了感情，他當機立斷，寫了絕交信給瑪麗，結束了和她的交往。後來，小仲馬根據瑪麗的身世寫了一部小說——《茶花女》，轟動了巴黎，小仲馬也因此一舉成名。理智使小仲馬產生了自制能力，使他懸崖勒馬，戰勝了感情的羈絆。

二、想一想，再去做

愛衝動的人在行動前常常不假思索，很少考慮行為的結果，並沒有考慮到該行為的利與弊，再相應的採取一種適宜的行為方式。

為了提高自己的自我控制能力，就應該學著在做事之前先想一想，根據自己以往的生活經驗或他人的經驗想一想：這麼做會有什麼樣的結果？對自己個人以及周圍他人會產生哪些有利的和不利的影響？在此基礎上，對自己的行為進行調控，採取適宜的行為方式。

在遇到較強的情緒刺激時，應強迫自己冷靜下來，迅速分析一下事情的前因後果，再採取表達情緒或消除衝動的「緩兵之計」，盡量使自己不陷入衝動魯莽、簡單輕率的被動局面。

比如，當你被別人無聊的諷刺、嘲笑時，如果你頓顯暴怒，反唇相譏，則很可能引起雙方爭執不下，怒火越燒越旺，自然於事無補；但如果此時你能提醒自己冷靜一下，採取理智的對策，如用沉默為武器以示抗議，或只用寥寥數語正面表達自己受到傷害，指責對方無聊，對方反而會感到尷尬。

三、學會從別人的角度考慮問題

自我控制是個體對自身心理與行為的主動掌握。透過自我控制，發展自身的適宜行為，而避免不適宜行為的產生。因此，一個人的不自控行為常常會伴隨著產生一些不良的後果，包括對自己和對他人的。

衝動型性格的人，由於自我中心化傾向較強，往往更多的是站在自己的角度，而不是他人的角度來考慮問題，只根據自己的意願而行動，而很少考慮他人。這樣，在生活中就難免產生各種矛盾。

為了克服這種弱點，應該有意識的培養和提高自己的移情能力，提高自己對他人情緒情感的敏感性，學著站在他人角度，感受和理解自身行為對他人所造成的影響，進而有意識的控制和調整自己的行為，以提高自我控制的能力。

四、生氣時努力轉移自己的注意力

使自己生氣的事，一般都是觸動了自己的尊嚴或切身利益，很難一下子冷靜下來。所以，當你察覺到自己的情緒非常激動，眼看控制不住時，可以及時採取暗示、轉移注意力等方法自我放鬆，鼓勵自己克制衝動。

可採用言語暗示，如「不要做衝動的犧牲品」，「過一會兒再來應付這件事，沒什麼大不了的」等，或轉而去做一些簡單的事情，或去一個安靜平和的環境，這些都很有效。人的情緒往往只需要幾秒鐘、幾分鐘就可以平息下來。

但如果不良情緒無法及時轉移，就會更加強烈。比如，憂愁者越是朝憂愁方面想，就越感到自己有許多值得憂慮的理由；發怒者越是想著發怒的事情，就越感到自己發怒完全應該。

根據現代生理學的研究，人在遇到不滿、惱怒、傷心的事情時，會將不愉快的信息傳入大腦，逐漸形成神經系統的暫時性聯繫，形成一個優勢中心，而且越想越鞏固，日益加重；如果馬上轉移，想高興的事，向大腦傳送愉快的信息，爭取建立愉快的興奮中心，就會有效的抵禦、避免不良情緒。

五、在冷靜下來後，思考有沒有更好的解決方法

在遇到衝突、矛盾和不順心的事時，不能一味的逃避，還必須學會處理矛盾的方法，一般可採用以下幾個步驟：

首先，要明確衝突的主要原因是什麼，雙方分歧的關鍵在哪裡。然

後再想一想：解決問題的方式可能有哪些？哪些解決方式是衝突一方難以接受的？哪些解決方式是衝突雙方都能接受的？最後，找出最佳的解決方式，並採取行動，在這一過程中逐漸累積經驗。

六、用毅力控制愛好

一個人下棋入了迷，打牌、看電視入了迷，都可能影響工作和學習。毅力，可以幫助你控制自己，果斷的決定取捨。毅力，是自制能力果斷性和堅持性的表現。

打牌、下棋看來都是小事，是個人的一些愛好，但要控制這種愛好，沒有毅然決然的果斷性就辦不到。常常遇到這樣一些人，嘴上說要戒菸，但戒了沒幾天就又開始抽了。什麼原因呢？主要就是缺乏毅力。

☻ 沒有毅力，就沒有果斷性和堅持性，自制的效率就不高。可見，要具有強而有力的自制能力，必須伴以頑強的毅力。

追求成功，不可忽視對性格的培養

心理學家指出：良好的性格是事業取得成功的保證。托爾斯泰說：「性格決定命運。」良好的性格促人成才，不良的性格使人毀譽。

三百多年前，在普魯士王宮裡，大哲學家萊布尼茨正在滔滔不絕的向王室成員和眾多貴族宣傳他的宇宙觀。突然，他話鋒一轉，說：「世界上沒有兩片完全相同的葉子。」

聽者嘩然，不少人搖頭不信。於是，好事者就請宮女到王宮花園中去找兩片完全相同的葉子。誰知，數十人找了老半天，也無法找到。人們驚愕，原來大千世界是如此豐富多彩！後來，人們都用萊布尼茨的這句話來描述人的性格——世界上沒有兩片完全相同的葉子，世界上也沒有性格完全相同的人。

Chapter2

鍛鍊良好的心理素質

二十世紀初，美國心理學家特爾曼和他的助手們在二十五萬名兒童中選拔了一千五百二十八名最聰明的孩子，測定他們的智商，調查他們的個性品質，一一記錄在案。然後進行長期觀察和追蹤研究，看看是不是聰明的孩子長大後都有成就。

孩子們上完小學、中學，有的進入社會，有的上了大學，特爾曼和他的助手們仍在設法追蹤，記錄他們的變化。

從幾十年後公佈的追蹤研究資料看，他們的成就大不一樣。在這些追蹤對象中，多數人在事業上取得不同程度的成功，成為專家、教授、學者、企業家或有各種專長的人，但也有罪犯、流浪漢、窮困潦倒者。

據分析，排除機遇等社會因素外，失敗者幾乎都存在著某些不良的性格品質，有的意志薄弱，有的驕傲自滿，有的失去積極進取精神，有的孤僻而不善於處理人際關係。

總之，這些失敗者，主要是因為非智力因素（也就是情商方面）欠缺，所以他們落伍了，甚至走向成就的反面。

因此，為了追求成功，一個人不可忽視對性格的培養。心理學家指出：良好的性格是事業取得成功的保證。正如德國革命家台爾曼所說：「不論你的將來走什麼路，你的性格為你的行為提供了前提。一個人的歷史就是他的性格。」良好的性格促人成才，不良的性格使人毀譽。

凡是有成就的人，都是有知識的人，而知識的累積離不開堅韌的求知態度。學習是一個十分艱苦的過程，隨著學習的深入，難度就會越來越大，就需要我們付出更大的努力去克服，需要我們堅持不懈的去努力。

如果我們正處在一個努力求學的過程中，具有一個堅韌的求知態度是保證我們在學業上取得成績的重要條件。

愛迪生一生有創造發明兩千多項，這與他前半生具有膽大求新、不尚空談的性格分不開。但他晚年滋生了因循守舊的頑固性格，囿於自己創造的直流電系統，極力反對新興的交流電系統。當交流電系統取得決定性勝利時，他受到被責令退出通用電氣公司的恥辱。

良好的性格是事業取得成功的保證，不良的性格對人的影響也是非常明顯的。研究發現，不良的性格對人的身體健康會帶來不好的影響。如當我們緊張時，心跳和脈搏的次數會增加，血壓也會升高，皮膚表面由於出汗量增加的緣故，導電性將大為增加，呼吸的次數及呼氣吸氣所需要的時間也都有改變。這些改變都可以用儀器連續的記錄下來。如果將測量血壓、呼吸以及皮膚導電性的儀器裝配在一塊，那就成了所謂測謊器了。

人們平日喜怒哀懼等情緒的反應，大多為時甚短，其所引起的生理變化，也是比較短暫，而後迅即恢復常態。所以，通常並不會造成器官的損傷，而無礙於健康。但若緊張的情緒因故延遲，那麼，與之相伴的生理變化也將隨之持續下去，這樣就將使某項器官或組織較長期的陷於「不正常」的活動狀態。

久而久之，就會使某些器官的功能喪失，或是使器官本身受到損傷。比如，人在恐懼的時候，血壓將升高；如果某人因故長久的陷於憂慮恐懼狀態，則其血壓將一直比正常情況高，而構成功能性高血壓。

再比如，人在生氣的時候，食慾常會降低，因而吃下去的食物就減少了，而同時胃酸的分泌卻反而增加了，超過當時實際的需要。同時胃壁因充血的關係表面面積增加，胃壁粘膜也隨之延展，使某些部位變得更單薄，保護胃壁的作用降低。

這些反應持續出現，使胃壁受到胃酸的侵蝕而形成潰瘍。不良的性格對人的身體健康的影響是十分巨大的。

☻ 良好的性格對一個人的成長和成才，有著極為重要的作用。所以，每個人都要努力塑造自己良好的性格。

塑造良好性格的五項基本原則

培養良好的性格，是提高情商的一種重要手段。人的性格是在長期生活環境和社會歷練中逐步形成的，它一旦形成就比較穩定，但也不是一成不變的。

客觀環境的變化往往使人的性格發生明顯的變化。比如，在某種環境和家庭影響下成長的孩子，養成了怯懦、孤獨的性格特點，當他進入學校，經過團體的熏陶，隨著社會交往的日益增多，就可能使他們原來的性格特點有顯著的變化；一個活潑愉快的人，可能由於某種嚴重的打擊，精神上蒙受挫折，變得憂悶抑鬱起來。客觀環境的影響，需要透過人的主觀因素起作用。

意識的自我調節對性格的履行起著重要作用。幼小兒童的行為方式沒有定型，意識的自我調節功能較低，他們易受環境影響，性格的可塑性更大；當一個人的社會知識經驗豐富了，出現了比較系統化的思想，形成理想、信念和世界觀時，他們的性格才能在社會歷練中、在自我調節的功能上發展、改造。

雖然成人的行為方式比較穩定，但性格也仍具有可塑性的一面。性格的可塑性並不是一成不變的，它不可能永遠停留在一個定點上，因為作用於性格的諸因素是不斷變化的。性格的可變性，決定了性格是可以培養的。一個人越早注重對良好性格的培養，就越有利於日後的發展。

如果你感覺自己的某些性格不夠好，可根據以下五個原則著手進行塑造和鍛鍊。

一、循序漸進原則

莎士比亞說：「金字塔是用一塊塊石頭堆砌而成的。」優良性格的形成需要一個長期漸進的過程。同樣，不良性格的克服也需要長期不懈的努力。

心理學研究顯示，性格是一種相當穩定的個性特徵，這種穩定性特點決定了性格的形成和轉化只能是一個緩慢的漸進過程。一個一向心浮氣躁、辦事急進、快手快腳的人，要他一下子變得穩重鎮定、泰然自如，那是很困難的。同樣，一個心胸狹窄、性格暴躁的人，要他馬上變得雍容大度、豁達寬容，也是辦不到的。

因此，無論是克服不良性格也好，還是塑造優良性格也好，都必須堅持循序漸進、從大處著眼、小處做起的原則。

二、漸變轉化原則

人的情緒是性格的特徵指標之一，它對性格的形成和轉化具有誘導感染作用。比如，一個性格暴躁、個性很強的人，可以透過努力培養安定平靜、從容不迫的情緒，使自己經常保持心平氣和的心境，以促進暴躁性格的漸變轉化。

一個人如果能經常的消除煩惱、憤怒、急躁等不良情緒，對克服急躁易怒的不良性格肯定是有好處的。積極性的情緒鼓勵愈經常、愈持久，對良好性格的形成和培養也就愈有利。

三、以新代舊原則

一種不良性格形成後，要改變它，可不是件容易的事。辦法之一就是從改變習慣入手，用新的習慣來克服和改變原有的性格弱點。

習慣是性格形成的基礎，一個人性格中的很大一部分，實際上就是一種已經習慣化了的行為方式。有什麼樣的性格，也就會有什麼樣的習慣，反之亦然。因此，培養新的良好習慣去取代舊的不良習慣，對於克服和改變原有的性格弱點是很有幫助的。

比如，你向來好勝逞強，辦任何事情都不甘示弱，因此而經常使自己惴惴不安、精神緊張。為此，你就要放棄做一個「強人」、「超人」的企圖，中止以眼前勝敗來衡量成績的習慣，而培養起從大處著眼、從長處看問題的習慣。只要持之以恆，堅持不懈，不斷以新的良好習慣去取代舊的不良習慣，那麼優良的性格就能逐步形成並鞏固下來。

四、累積性原則

一個人的性格，一般都可以表現為臨時性和穩定性兩種不同狀態。穩定性狀態始終存在於個人的性格特徵之中，而臨時性狀態僅存在於某一特定的環境和過程之中，一旦環境和條件發生變化，它便不復存在。

比如勇敢，在有些人身上即表現為一種穩定性性格，不論什麼情況，他都是勇敢的；而在有些人身上則僅為一種臨時性狀態，即他只是在某地某時某事上才表現出勇敢。當然，臨時性狀態是不穩固的，一旦環境條件發生變化，它就會消失。但這並不是說，臨時性狀態和穩定性狀態是互不相容，不能轉化的。如果我們有意識的把臨時性狀態作為培養良好性格的起點，並使這種狀態始終保持下來，累積起來，使之逐步成為穩定性狀態，那麼，就能達到優化性格的目的。

五、自我修養原則。

性格優化的過程，從根本上講，就是一個人自我修養不斷提高和強化的過程。兩者是相輔相成，密切相關的為此，追求卓越的人必須要以堅強的意志，進行持久不懈的自我修養。

☻

要學會自我分析，自我控制，自我激勵，自我監督，自我約束；要善於抑制舊習，克服不良慾望。

提高心理成熟度，促進情商發展

情商是一個人對情緒的控制和調節能力，它和心理成熟度的關係非常密切。心理成熟度是一個人的心理承受力、耐受力和適應性的表現。

心理成熟度高的人，面對社會和環境的變化較易適應，換句話說，他們比較容易根據外界的變化調節自己的行為。他們的自控能力、承受能力都比較好，即人們常說的比較「老練」。

而心理成熟度差的人，不太容易適應不斷變化的環境，也不太容易形成良好的自我控制，這樣，在人際關係和心理健康中便容易出現問題。

從一般意義上來看，隨著年齡的增長，人的心理成熟度也應不斷增長。但這種增長與人身高、體重的增長是有所不同的——即它不是由自然規律單方面控制的增長，而是在自然規律與社會環境的雙重作用下形成的增長，無論是自然規律還是社會環境，二者缺一不可。

因此，如何利用社會環境，使自己的心理達到與年齡相匹配的成熟，就成為一個迫切需要解決的問題。這方面能力的培養與應付環境變化的能力密不可分，如下建議可供參考：

一、增加社會閱歷

一個人對社會的認識與他的心理成熟度有著較高的正相關。認識是受環境影響的。要克服環境影響帶來的偏差，不僅要從實際上獲得感性的認識，還要提高理性的認識水準。

在生活和工作中會遇到很多問題，如與鄰居、朋友、同事、上級如何相處，如何克服不熟悉的工作帶來的緊張感等等。這些問題對一個心理成熟度高的人來說，不會感受到太大的挫折；但在心理成熟度較低的人看來，會覺得挫折是很大的。

二、學會應付突變的能力

突變對人的影響在心理學中叫做應激，一個人面對應激通常有兩種反應行為，即理性應對與情感應付。

前者以對事物發展的規律性認識為基礎，掌握事物的規律。這樣，一個人不僅能洞察事物的本質，也能預測未來，並根據未來事物可能的發展而採取必要的行動。後者則帶著一定的盲目性。調查顯示，心理成熟度高的人在應激條件下多採用理性應對。

因此，提高我們在突變環境下的應付能力，有助於增強心理成熟度。

三、培養自己適度抗壓的能力

古人說：「天將降大任於斯人也，必先苦其心志，勞其筋骨，餓其體膚。」這樣，才能「增益其所不能」。在社會變革中，社會的發展往往超越人們的心理承受能力，並形成一定的社會壓力。提高心理成熟度，對鍛鍊自己的抗壓能力是很重要的。

四、提高自己綜合的心理平衡能力

瞭解自己的優越與不足，可以減輕緊張情緒。因為明確承認自己能力有限，就可能使你擺脫某種潛在的不良情緒。這樣，你就會懂得何時該去求助於他人，怎樣與他人合作共事。另外，還要學會在危機中尋找機遇。

Chapter2

鍛鍊良好的心理素質

在面對危機時，應該想想怎樣因勢利導，藉此由壞事變成好事。如果你能夠從挫折中吸取經驗教訓，那麼今後就能減少挫折。

要訓練及改變軟弱的個性

行為主義心理學家認為，沒有天生的怯弱者，一切怯弱的個性都是後天學來的。這也就是說，人的膽小，不敢維護自己的權益，不會拒絕別人，不敢大聲講話等行為表現，都是在不知不覺中學來的。

你是否有下述情況？

✓別人讓你做某事，你心裡不願意去做，卻又不敢推卻。

✓面對別人毫無根據的指責，你卻講不出一句反駁或解釋的話來，只會躺在床上生悶氣，甚至暗暗哭泣。

✓買東西時稍微挑了挑，你就怕店員給你臉色。有時，你會買下你並不希望要的東西。

✓感覺到自己的利益明顯被侵犯了，在多數情況下，卻忍氣吞聲，不敢聲張……

你如果經常面臨上述情況，那麼你的個性就是軟弱的了。你不敢強硬起來的理由，或者是怕別人看不起，或者怕搞壞關係，或者自己也不知該怎麼辦。

現代心理學為改變不良行為提供了具體有效的訓練手段。如果你想改變自己軟弱的個性，不妨嘗試一下。不過在開始訓練之前，須注意如下三點：

一、你要問問自己，對軟弱是否還有點留戀，或是還有那麼點欣賞，若對自己的軟弱的克服還有點「軟弱」的話，你就不必試下去了。

二、你必須按部就班、不折不扣的完成下面的訓練「作業」，不能漏做，否則會毫無結果。

三、完成下面作業的某部分，也許對你來說是很困難的，但是如果你把它當做是在演舞台劇，是在表演而不是真做，這樣便可以忘記自己的身分，進入角色，做起來就會容易些。

改變自己軟弱的個性的全部訓練分為三個步驟，每個步驟可練習一到兩個星期，經過幾個星期的認真嘗試和訓練，你一定會發現自己的顯著進步。

一、向陌生人問路

在你熟悉的地方，你假扮成一個初來乍到的問路者。請你看準一位從對面走來的同齡陌生人，你要不慌不忙的迎上去，兩眼直視對方，然後直接發問：「請問，到某處怎麼走？」

等對方回答後，你裝作不懂的樣子，再仔細的問一遍。這個表演一週完成三次，就算成功了。

對於那些羞於與陌生人打交道的人來說，完成這項作業會產生從未有過的興奮和欣愉感。

二、向店員換零錢

這比前面的「表演」困難一些，因為它給對方帶來一定的麻煩，當然也給你自己一定的心理壓力。

你事先準備好一百元到商店裡去，找一位臉部表情冷漠的店員，兩眼平視對方，直截了當的說：「您能給我換一百塊的零錢嗎？」

不論對方的態度是好是壞，也不論給不給你換錢，你都要鎮定自若的看著對方，表情越自然越好。只要按規定完成三次這種「表演」，就算通過。

如果有半途而廢的情況，就要補齊三次。

三、學習表達自己感受

軟弱的人必須學會表達自己的感受，尤其是要學會把不滿、憤怒的情緒表達出來。為此，你必須學會辯論。

這個訓練可這樣進行：選擇一個盛氣凌人好爭辯的朋友或同事為對象，先就他經常強辭奪理或與別人爭論的題目做好辯論綱要，並自己演習幾遍。然後，找準機會與他辯論，以鍛鍊你表達感受的能力，增強你的自信。

辯論的結果可能有兩個：一個是你戰勝了對方，另一個是對方佔了上風。如果是後面這種結果，只要你把準備的話講了，便可面帶從容的微笑看對方的表現，或者乾脆說：「別再強詞奪理了，我還有事，再見！」這種使你第一次勇敢的面對「強者」的訓練，對你改變軟弱是很有幫助的。以後，你可乘勝前進，繼續訓練，直到自己感覺良好和滿意為止。

☻ 如果怯弱的個性都是後天學來的，那我們就可以透過學習而去改變它。

歷練臨場不亂的心理素質

日常生活中，有些人總是覺得自己不如別人，做起事來膽怯畏縮，害怕自己無法成功。——這實際是一種情商不高的表現。膽怯退縮的確是人們生活中的一大障礙，是成長、成功道路上的絆腳石。

膽怯退縮的人往往是缺乏自信心理的人，對自己是否有能力做某些事情表示懷疑。結果，可能會由於心理緊張、拘謹，使原來可以做好的事情搞砸了。

比如，有些缺乏自信的人可能有過考試怯場的經歷。本來平時成績不錯，但是一遇到比較重大的考試就緊張，腦子裡一片空白，結果以前會做的題目，一到考場就忘了。

而有些自信十足的人，可能越是大場面的考試發揮得越好，這是因為他們心理素質比較高，大腦的興奮點都集中在如何答題上了，所以比較容易發揮水準，甚至超水準發揮。

怎樣才能讓自己也具有這樣超強的心理素質，做到遇事不懼、臨場不亂、保持一顆平常心呢？這就需要在平時多下功夫。

如下幾點建議可供參考：

一、做好充分的準備，為樹立自信的心理打下基礎

任何人的自信心理都不是憑空產生的，比如，讓我們去參加一個考試，而我們又沒有任何思想準備，就算我們的自信心理再強，也不一定能考好。又如，當你要在許多人的場合主持一個講座，但是你卻沒有認真準備，那你在上臺之前，一定會對自己是否能夠講好產生懷疑。

當然，對於那些很有演講經驗，很會控制場面、調節氣氛，能夠即興發揮的人來說，就另當別論了。但是對於缺乏鍛鍊、本來就信心不足、試圖退縮的人來說，每一次失敗可能都是一個重大的打擊。在日常生活中，要敢於嘗試新的東西，迎接更多的挑戰，為自己爭得更多的發展機遇，贏得更多成功的體驗。

二、學會對失敗進行正確的原因總結

在心理學上，這叫「歸因」，就是把某件事情的原因歸結於什麼，是歸結於客觀還是歸結於主觀？

失敗對於缺乏自信的人來說，是一個沉重的打擊。每當遇到失敗的時候，他們往往垂頭喪氣、耿耿於懷，這是因為他們總是把失敗歸結於主觀自身的內部原因，即認為自己能力不夠，或者認為自己不夠聰明。

這種歸因就會使他們對自己的能力產生懷疑，對自己的自信心理無疑是一個打擊。那麼，在以後遇到類似的任務或者更具挑戰性的任務時，他們就會選擇逃避、放棄。因為他們曾經失敗過。

而且，失敗的原因他們認為是自己不行，沒有能力勝任。這樣，就會形成一個惡性循環，使缺少自信的人更加退縮，更加缺乏自信，更沒有信心和勇氣去嘗試新的任務。

所以，一個人的「歸因」是很重要的，它直接影響到你對自己的認識，影響到你對待其他事情的態度，進而可能會對自己處理一些事情的能力產生不良的影響。

相反，如果能對失敗進行積極的「歸因」，那情況可能就大不一樣了。這次沒做好，你還會積極的去嘗試。只要肯努力，你獲得成功的機會就多；反過來，也會帶給自己更多的自信。

三、擴大自己的交往範圍，積極主動的與人交往

缺乏自信的人往往因為膽怯而不敢與人交往，結果僅限於很小的朋友圈子，變得越來越孤僻、退縮。究其原因，並不是他們自視清高；相反，他們往往認為自己是不可愛的，不受歡迎的，別人是不願與自己交往的。如果他們形成了這樣消極的自我概念，那麼，他們在行動上就會有意無意的表現得讓人很難接近，很難交往。

如果一個人認為自己是可愛的，在被別人接受的時候，他就會表現得很自信。而自信的人往往是可愛的，人們願意與之交往，而交往的人越多，就越會增加他的自信。

四、注意自己的身體語言

所謂身體語言，指的是我們的身體姿態、動作、表情向人們傳遞的信息。缺少自信的人不好意思和別人說話，與人面對時不敢看對方的眼

睛，所以給人的印象是冷淡、閃爍其辭。但實質上，這種身體語言傳遞的信息是：我膽怯，我害怕，我不安。

但是，有些與之交往的人並沒有注意到這一點。他們會把這種身體語言誤解為冷淡、自負，因而避而遠之，這使本來就缺少自信的人更加不安。其實，很多人不愛與人打招呼或說話，並不是他沒禮貌或冷淡，而是怕說出不合適的話。

美國心理學家阿瑟·沃默斯認為，只要將身體語言做些調整，就能產生令人吃驚的直接效果。你可以試著經常面帶微笑、身體前傾、友善性的握手，進而讓別人覺得你的外在印象親切、隨和。這將會使你獲得友好的回報，面對陌生人，也不再覺得那麼可怕了。

☻ 我們要學會在做任何一件事情之前，都盡量做好充分的準備，這樣就會為自己樹立自信心理打下良好的基礎，為日後取得成功提供可能性。

超越自我，追求個性成熟的生活品性

現代人不可能生活在荒島上，像魯賓遜和星期五似的生活已經永遠變成了神話。生活在人群之中，人際關係原則就應該成為自然法則中的重要一項。

真正的個性發展，必然要適應自然法則。人生存在社會中，一定要積極走出去，與他人同心協力，因為個性與個性的碰撞，將帶來更有力的動力，使個人的理想在生活中真正完善。

你的新生活一定要建立在一定的原則基礎上。真正的個性必須具有兩個原則的支撐才會成為最佳的個性：

一是個性的感染力。個性的感染力是以個人能力和個性的高度結合來確定的。如果個性極強，能力也強，你的力量就具有最強的感染力。

鍛鍊良好的心理素質

如果個性強而能力差，或者能力強而個性弱，感染力就低一些。

二是相互信賴和彼此尊重。這條原則的成功應用，有助於你的個性在各種關係中發揮正常的水準，為個人理想的實現鋪平道路。

一個人追求個性成熟的生活品性，應該努力做到以下幾點：

一、堅定意志

在競爭日益激烈的現代社會中，意志堅毅是一項首要的品性。它使個性頂住種種壓力，能立於不敗之地。

首先頂得住壓力，然後才能克服壓力。意志堅毅的人，懂得執著於目標，能夠推開不必要的生活，抗干擾能力極強；意志堅毅的人，保持著個性，守護著個性的每一道可能存在的缺口，個性得以確保完整。

二、豐富想像力

想像力最終將把生活引領到「美麗」境界，即美麗人生。美不是美學家的專利，想像力是人類共通的能力，個性最容易在這方面形成巨大的共鳴。想像力是驅使你向前的動力，使你即使處於生活低潮，依舊不會迷失方向，不會倍感無力的聽天由命。

想像力作為個性的舵手是合適的。生命羅盤幾乎就是按想像力的大小製造的。想像力最明確的一點就是它的未來指向。它的品性將給個性增添美麗的光彩。

三、客觀自我認識

「認識你自己」這項主題雖然是很古老了，卻歷久彌新，是個性必須時時面對的問題。瞭解個性的品性應該從認識自我開始。

人能夠突破環境，就是基於從自我意識和自知之明的雙重思慮中產生的出色動力而達成的。認識自我在個性的品性中表現為自我意識和自知之明兩個方面。人類早在嬰兒期就開始具有自我意識了，成熟的自我意識應該是自信自己是獨一無二的。

我們怎樣看待自己，不但影響自己的態度和行為，也影響我們看待他人。除非同時認清自我，又考慮到他人，否則，我們無法瞭解他人的世界，因而容易將自己的意圖強加於他人。這樣，在生活中就難免會引發很多不快，甚至造成衝突。

要肯定自己的價值和潛能，就要瞭解和肯定自己的個性。你必須先瞭解自己，才能讓別人瞭解你。若是你不瞭解自己，無法掌握自己的個性，也就很難讓別人瞭解和喜歡你了。

四、完善智慧

良好的個性會表現出同情他人和寬容的優秀品質。完善的智慧有利於解除過分戒備的緊張心理狀態。

有許多人，他們的本質是善良的，但在做事之前就有一個顧慮的算計，這個算計並非要將他人之物奪過來，而是試圖將屬於自己的部分緊緊抱住，不被他人搶奪。這樣的顧慮無利於事情的進行。

而具備完善智慧的個性，卻表現為寬容與合作的態度，他不害怕別人的算計，只把目光盯在正在進行的事情上，最後憑智力取走理應屬於自己的成果，這樣的人永遠有不可動搖的安全感。

五、保持勇敢

勇敢永遠是人類推崇的個性境界。勇敢的個性表現為大度和從容，因為心無畏懼，沒有理由不表現為大度和從容。大度使人不怕損失，他有絕對的信心挽回損失。從容使人能夠冷靜的判斷問題，能夠體貼別人。

與從容在表面上相似的情形是隨便。雖然隨便和從容有天壤之別，可總有人把它們混為一談，而造成很難堪的局面。

勇敢真是一件不容易的事，它的根基必須紮在高度的自信心上。勇敢的個性能夠笑對大業和瑣事，能夠將壓力轉化為動力。

六、發揮創造力

創造力，是人類特有的一種綜合性本領。一個人是否具有創造力，是一流人才和三流人才的分水嶺。它是知識、智力、能力及優良的個性品質等複雜因素綜合優化構成的。

創造力是指產生新思想，發現和創造新事物的能力。它是成功的完成某種創造性活動所必需的心理素質。要充分發揮創造力，就要注重培養具有創造力的思維方式。沒有創造力的個性是輕浮的，無法在生活中站住腳，一陣風就足夠摧毀它。

七、超越自我

一個人光有聰明是不夠的，只有不斷超越自我，才能真正成為一個大智慧者。人生在世，每個人都有自己獨特的稟性和天賦，每個人都有自己獨特的實現人生價值的切入點。只要你按照自己的稟賦發展自己，避開或者彌補自己的不足，發揚或者加強自己的優勢，不斷的擺脫心靈的羈絆，你就不會湮沒在他人的光輝裡，而是讓自己的光芒更加燦爛奪目。

☻

人生是一條奔騰不息的河流，不會永遠停留在一個地方，也不會停留在某一階段，它需要不斷的超越。超越，是昇華，是突變，是人生不可缺少的階段。超越自我是生命的要求。生命渴望的地方，就是我們每個人自己選定的目標和理想，而超越自我的過程，就是創造的過程。

樂觀的態度，是成功的關鍵點

CHAPTER 3

站在他人立場上思考與處理問題

在人際間的交往和溝通中，善用「同理心」的人，往往能夠達到較好的效果。這樣的人，在人際交往過程中，能夠體會他人的情緒和想法，理解他人的立場和感受，並站在他人的角度思考和處理問題。因而，容易得到對方的積極響應。

瞭解別人，才能避免交往中的障礙

不去思考事情的來龍去脈，就妄自下結論已經成了一種思維定勢。沒有質疑或核實事情的準確性，我們就草率的去下決斷。這樣做的結果往往是，既影響自己的心情，也妨礙了與別人愉快順利的交往。

詹妮做完了一天的工作，正期待著去劇院。去公司停車場開車的時候，她發現有一個同事的車斜停在兩個停車位的中間。

「真自私。」詹妮想。儘管還有空的停車位，但是詹妮還是感到很憤怒。

「需要給這個人上堂課才行。」詹妮尋思著。詹妮走到停車管理處抱怨。沒想到，管理員竟然不在，詹妮心想管理員一定是提前回家了。這讓詹妮更生氣，她從服務台上拿起一張大白紙，寫了一張紙條，粗魯的罵了剛才那個沒好好停車的司機有多自私。然後，她又寫了一張紙條，強烈譴責管理員的失職，竟然下班時間還沒到就離開崗位。

詹妮把第一張紙條貼在剛才那輛汽車的擋風玻璃上，第二張紙條放在服務台上。她對剛才發生的事情如此憤怒，以致在劇院都無法集中精力看整場表演，這完全是一個掃興的夜晚。

到了第二天，詹妮去上班，發現辦公室的氣氛陰沉沉的。原來昨天下班後，有個同事停車的時候撞到了停車場的牆，心臟受到撞擊，被送往醫院。而管理員正在為此事奔波。

詹妮心裡很苦惱，一方面因為自己看到不順眼的情形時，竟然做出那麼強烈的舉動；另一方面覺得自己缺乏考慮，車之所以那麼歪停著，可能是發生了什麼事。詹妮花了很長時間，才從懊悔的情緒中走出來。

詹妮的做法是很值得反思的。首先，詹妮的弱點在於缺乏自我管理——她對所看到的場景感到生氣情有可原，但是錯就錯在她無法控制自己的消極情緒，導致她寫了那些侮辱性的話。

其次，詹妮缺乏妥善思考。一看到那個場景，詹妮想都沒去想為什麼車會那麼停，而是很快就認定是別人自私，不為別人著想。管裡員不在崗位上，她也沒去想可能是別的原因早下班。

由於她缺乏足夠的耐心或智慧去找出事件發生的原因，沒有考慮到事情可能有其他緣由而不是自私。結果，詹妮怨自己，感到羞愧，同事也會因為她的行為而不高興。實際上，在日常生活中，像詹妮一樣誤解別人而引發不快的事和人還是很多的，安東尼也曾有過類似的遭遇。

安東尼約了整骨醫師，而且特意把時間約在下午一點半，這樣就可以利用中午休息時間見醫師，不用專門跟公司請假。

這天，安東尼準時到了約好的地方，發現候診室有很多人。估計這些人也是擠出中午休息時間來看病。一想到這裡，安東尼開始有點緊張了，他擔心時間來不及。快到一點半的時候，安東尼真的開始擔心了，他「專心的」期待著醫師叫他的名字。

終於等到一點半了，也等到醫師叫他了，但是名字後還有一個數字——安東尼，二十三號。

安東尼震驚了。他一直在等，而且提前也約好了時間，現在卻被告知是二十三號！頓時，他非常生氣，加上自己已經很憂慮，所以再也無法冷靜思考了。他站了起來，連招呼都沒打，就走出了診所，直接回公司工作了。可是，他的胳膊手肘還疼著呢！

最後，安東尼終於冷靜了下來，但是憤怒還是沒有消退。於是，他寫了一封信給診所，說他們沒有時間觀念。沒想到，診所的回信很快，也很禮貌，不但沒有說安東尼失約，反而解釋了二十三號只是病人要去的診療室號碼，整骨醫師在二十三號診療室等他。這封禮貌的回信後面還附有一張帳單，這是安東尼因缺診要付的。

從安東尼的例子中，我們可以獲得很多啟示：人們經常會誤解事實或是胡亂猜想所聽到的事實。

在日常生活中，在採取任何行動之前，要盡量去瞭解別人，理解別人。這樣才能避免因誤會造成彼此溝通交流的障礙。

經常站在對方的角度來思考

社會上的每個人都有其各自的慾望與需求，也都有其權利與義務，就難免會出現矛盾。這就要求人人正視客觀現實，學會謙讓，學會禮尚往來，在必要時做出點讓步。

山姆常抱怨自己的妻子總是花太多時間在他們家的草坪上，因為他覺得即使一週修剪兩次，草地也和他們當初搬進來的時候差別不大。

山姆每次在他的妻子修剪完草坪後都會這麼說，這讓他的妻子很不開心，每次說的時候，都會破壞原來的和睦氣氛。有一次，山姆看到一本書，書上說到生活中需要經常站在對方的角度來思考。直到這個時候，山姆才知道自己的問題出在哪裡，他從來都沒有想過他的妻子辛苦的修剪草坪，是渴望她的勞動成果能得到別人的稱讚。

後來，當山姆的妻子再去修剪草坪的時候，山姆主動提出要陪妻子一起去修剪草坪。他的妻子顯然沒想到他會主動要求陪自己，所以顯得很高興，兩個人就在很愉快的氛圍下一起完成這件事。自此以後，山姆就經常和妻子一起修剪草坪，不僅如此，他還經常誇獎妻子勤快，說妻子很厲害，能把院子裡的草坪修剪得與水泥地一樣平。

雖然山姆的誇獎有些誇張，但是他們夫妻之間的感情卻得到了明顯的改觀，這是因為山姆學會了為別人著想。

能多為別人著想，為對方設身處地的考慮問題，會讓你贏得更多的朋友。在生活中，我們不難發現有這樣一些人，他們存在著過於濃厚的自我中心主義觀念，凡事都只希望滿足自己的慾望，要求人人為己，卻置別人的需求於度外，不願為別人做半點犧牲，不關心他人痛癢。

他們往往要求所有的人都以他為中心，恨不得讓地球都圍繞著他們的意願轉。他們只要團體照顧，不講團體紀律，不願從客觀實際出發，不能服從他人及團體，否則就感到委屈、受不了。總之，這些人心目中充滿了自我，卻唯獨沒有他人。這種人在生活中是很難獲得成功和快樂的。其問題出在自我意識過強，走向了以自我為中心的極端，影響了與別人的正常交往與和諧相處。

無疑，這種自我中心意識於他自己是極為不利的。這會嚴重影響一個人的自我形象，也影響良好思想品德的形成，以致被人厭惡、瞧不起。由於一門心思都放在對蠅頭小利的追求與意義不大的個人得失上，沒有崇高的理想、遠大的目標。因而也不可能擁有好的人際關係。試想想：誰願意與一個只顧自己的人長期合作共事或終生為伴呢？可能說，這種人到頭來得到的是「芝麻」，而失去的是「西瓜」，真是得不償失。

那麼，如何才能逐漸克服這種自我中心意識呢？關鍵就在於改變自己的認知。首先要正視社會現實。

雖然不能忽視自我的權利與慾望的滿足，但也不能只顧自己，完全不考慮他人的存在。如果人人心目中都只有自我，彼此的矛盾和紛爭就會不斷，那麼，事實上，人人都不會有好日子過的。

其次，從自我的圈子中跳出來。多設身處地的替其他人想想，以求理解他人，並學會尊重、關心、幫助他人，這樣才可獲得別人的回報，從中也可體驗人生的價值與幸福。

最後，要加強自我修養。充分認識到自我中心意識的不現實性、不合理性及危害性。

☻ 提高情商，學會控制自我的慾望與言行。把自我利益的滿足置身於合情合理、不損害他人的可行的基礎之上，做到把關心分點給他人，而不是把私心留給自己。

要重視別人，學會欣賞別人

稱讚和尊重別人、欣賞別人，使他們覺得很受重視，不花一分錢，卻能對別人產生意想不到的作用。同樣，別人反過來也會尊重你，以積極的態度對待你。

霍華・哲斯頓最後一次在百老匯上台的時候，戴爾・卡內基花了一個晚上待在他的化妝室裡。哲斯頓被公認為魔術師中的魔術師，前後四十年，他到世界各地，一再的創造幻象，迷惑觀眾，使大家驚訝得喘不過氣來。共有六千萬人買票去看過他的表演，而他賺了幾乎兩百萬美元的利潤。卡內基請哲斯頓先生講述成功的祕訣。

哲斯頓的成功與學校教育沒有什麼關係。因為他很小的時候就離家出走，成為一名流浪者，搭貨車，睡穀堆，沿門求乞，坐在車中向外看著鐵道沿線上的標誌因而認識了字。他的魔術知識是否特別優越？他告訴卡內基，關於魔術手法的書已經有好幾百本，而且有幾十個人跟他懂得一樣多。但他有兩樣東西，其他人則沒有。

第一，他能在舞台上把他的個性顯現出來。他是一個表演大師，瞭解人類天性。他的所作所為，每一個手勢，每一個語氣，每一個眉毛上揚的動作，都在事先很仔細的預習過，而他的動作也配合得分秒不差。

除此之外，哲斯頓對別人真誠的感興趣。他告訴卡內基，許多魔術師會看著觀眾，對自己說：「坐在底下的那些人是一群傻子，一群笨蛋，我可以把他們騙得團團轉。」但哲斯頓的方式完全不同。他每次一走上台，就對自己說：「我很感激，因為這些人來看我表演，他們使我能夠過一種很舒適的生活。我要把我最高明的手法，表演給他們看看。」他宣稱，他沒有一次在走上台時，不是一再的對自己說：「我愛我的觀眾，我愛我的觀眾。」

哲斯頓的成功祕方就是如此簡單，那就是對他人感興趣，這就是一位有史以來最著名的魔術師所採用的祕方。

戴爾·卡內基發現，人類的舉止，有一項最重要的法則。如果遵循這條法則的話，就會給我們帶來無數的朋友和無限的幸福。但是一旦違反了這條法則，我們就會惹上無盡的麻煩。這項法則就是：永遠使對方覺得重要。幾千年來，哲學家一直在推測人性關係的規則，而從推測中，只尋出了一條重要的箴言，而這箴言並不是新創的。

梭羅亞斯特早在三千年前就把它教給拜火教徒。

孔夫子也在兩千五百年前在中國就宣揚它。

道教始祖老子，也把它教給了他的門生。

釋迦牟尼於耶穌誕生前五百年，在聖迦河岸宣傳過它。

印度教的經文典籍，在這之前一千年，就傳播過它。

耶穌在十九個世紀之前在崎嶇的巨狄亞石山上，就這樣教導過。

把它歸納成一句話就是：「己所欲，施於人。」

你希望那些和你來往的人都讚賞你，你希望人家讚賞你真正的價值，我們許多人都希望這樣。因此，我們也要以希望別人待我們之心去對待別人。每個人心中都有一種想當重要人物的感覺。一旦別人幫助他實現了，或讓他體驗到了這種感覺，他就會對這個人感激不盡。

當別人超過我們，優於我們時，對方就會有一種愉快的超越感。但是當我們凌駕於他們之上時，他們內心便感到憤憤不平，有的產生自卑，有的卻嫉恨在心所以，我們都要謙虛的對待周圍的人和事物，鼓勵別人暢談他們的成績，而不要喋喋不休的自誇自擂。

在生活中，每個人都渴望得到別人和社會的肯定和認可，我們在付出了必要勞動和熱情之後，都期待著別人的讚許。因此，把讚美——我們自己需要的東西，首先慷慨的奉獻給別人，很好的體現了我們的大方和成熟。

讚許別人的實質，是對別人的尊重和評價，也是送給別人的最好禮物和報酬，是做好人際關係的一筆具有長遠利益的投資。它表達的是我們的一片善心和好意，傳遞的是你的信任和情感，化解的是你有意無意間與人形成的隔閡和摩擦。

世界上的多數人大都愛聽好話，沒有人打心眼裡喜歡別人來指責他。就算是相濡以沫的朋友，你批評幾句，對方往往臉上也有不高興的時候。

美國哈佛大學的專家斯金諾，透過一項實驗的研究結果表明，動物的大腦，在收到鼓勵的刺激後，大腦皮層的興奮中心就開始啟動子系統，進而影響行為的改變。同樣的道理，人作為萬物的靈長，都期望和享受欣賞，這是人類最基本的需求之一。

林肯說：「一滴甜蜜糖比一斤苦汁能招致更多的蒼蠅。」幾乎任何人都愛好虛榮。各人有各人優越的地方，至少也有他們自以為優越的地方。在其自知優越的地方，他們固然喜愛得到他人公正的評價；但在那些希望出人頭地而不敢自信的地方，他們尤喜歡得到別人的恭維。人不分男女，無論貴賤，都喜歡聽合其心意的讚譽。同時，這種讚譽，能給他們加倍的能力、成就和自信的感覺。這的確是感化人的有效的方法。

☻

既然讚揚是人際交往的潤滑劑，我們就要在和周圍人相處的過程中，毫不吝嗇的真誠讚揚別人，使讚許動機獲得廣大而神奇的效用。

利用「同理心」獲得對方的理解與配合

與人溝通，依著「人同此心，心同此理」的方向，讓每個人都能設身處的為對方著想，如此一來，人與人之間就不會有那麼多對立與爭執。

在美國經濟大蕭條的年代，工作機會非常難得，有位十七歲的女孩好不容易找到一份售貨員的工作，雖然這只是暫時性的工作。

這時，聖誕節即將到來，珠寶店裡的生意非常忙碌，女孩工作得相當勤奮。今天早上她聽經理說，想繼續聘用她。

中午時分，她正將櫃上的戒指全部拿出來整理，忽然，她瞥見櫃檯邊來了一位男子，看起來是三十歲左右，而且穿著有點殘破的襯衫，滿臉散發著悲傷、怨憤的氣息，似乎也說明了這個人的生活遭遇。而他此刻正貪婪的盯著那些珠寶首飾。

這時，電話鈴響了，女孩因為急著去接電話，一個不小心把擺放珠寶的碟子打翻了，六枚精緻的鑽石戒指頓時全部掉落在地上。

她連電話都不接了，連忙趴到地上尋找，並撿起了五枚戒指。

「咦？還有一枚戒指呢？」女孩在地上找了半天，怎麼也找不到，不禁急得出了一身冷汗。

這時，她看到那個男子正向門口走去，忽然，她知道戒指在哪兒了。

當男子的手即將拉起門把走出珠寶店時，女孩溫和的喊了一聲：「請稍等，先生！」

那男子霎時停住，並轉過身來，之後約有一分鐘的時間像是靜止的！

最後，男子打破靜默，他有點微微顫抖的問：「什麼事？」聲音似乎有點卡住了，男子嚥了口水，又複述了一次：「什麼事？」

女孩這時低下了頭，神色黯然的說：「先生，這是我第一份工作。唉，現在想找個工作很難的，不是嗎？」

男子看著她，也低頭沉思，忽然在他的臉上浮現出一個溫和的微笑：「是啊，的確如此。但是我可以肯定一件事，妳在這裡一定做得很不錯。」

停了一下，男子向前走了一步，接著把手伸了出來，並對著女孩說：「我可以為妳祝福嗎？」

女孩立即伸出了手，並溫柔的微笑著。

兩隻手緊緊的握在一起……

男子隨後便轉身離開，女孩目送他的身影消失之後，才轉身回到櫃檯，將手中的第六枚戒指放回原處。

每個人都有心地柔軟的一面，這是人心的弱點，也絕對是人性的優點。就像故事裡的女孩與落魄的男子，女孩緊抓住對方也有類似遭遇的「同理心」，獲得了對方的理解與同情，最終讓事情有了轉機。假如她義憤填膺的指責對方，勒令他交出戒指，就可能引發很多不必要的麻煩。

☻

只要彼此能站在對方的立場想一想，即使人生有再多的難題，我們也都能輕鬆而圓滿的解決。

強化共同點，自然建立和諧關係

你之所以能與好朋友友好相處，原因就在於你們有共同的興趣和觀點，甚至行為方式都非常相似。當然，你們也會有很多分歧和爭論，但你們在本質上非常相近。

在宇宙中，吸引力無處不在，人與人之間也不例外。我們可以自然的與別人建立和諧同步的關係，當然，有人對此毫無察覺，有人則會感觸真切。

我們總是依賴父母、同輩、老師和朋友的情感接觸和指導，來幫助我們辨清生活的方向。我們受到他們的情感反饋、姿態和行為方式的影響。如果你的父母採取某種坐姿，你的坐姿可能和他們沒什麼兩樣；如果你的一個很酷的朋友或某個影星走路時有什麼特點，你很可能會效仿

Chapter3 站在他人立場上思考與處理問題

他或她的走路姿勢。我們通常與別人身上我們喜歡的特點保持同步。志趣相投的人之間存在自然和諧的關係。

也許你到過其他國家，那裡的人們說著另一種語言，你根本聽不懂他們在說什麼。當別人無法理解你時，你感到有點不太自在，甚至多疑。此時，突然你遇到一個同胞，和你來自同一個國家。這個人和你說著同樣的語言，這下你就找到了一個最好的朋友，至少可以和你一起度假。

你們也許有著共同的經歷、思想觀點、愛去的餐館，擁有同樣的廉價商品。你們會毫不猶豫的交換家庭和工作等個人信息。這一切以及更進一步的交流，都是因為你們操著相同的語言。這就是偶然形成的和諧關係。

也許彼此的熱情會使你們回到家鄉後進一步發展友誼。結果，你卻很可能發現，除了語言和居住地之外，你們沒有任何共同點，你們之間的關係也化為泡影。這種偶然關係不僅因語言和地域而形成，它存在於我們每天的生活之中——在工作中，在超市裡，在公車站裡。

與陌生人建立和諧關係的關鍵之一，就是學著像對方一樣。當兩人或多人存在共同興趣或行為同步時，可以說他們之間存在一種和諧的關係。我們知道，當彼此擁有共同興趣或發現雙方都身處某種特定的場合或環境中時，就比較容易建立某種和諧的關係。但是，當這些條件都不具備時，就要「有意」來建立這種關係。

馬克參加了一個八人出席的正式宴會。他討厭這樣的場合，和平常一樣，他顯得沉默寡言，開始感到有些難堪。因為除了他的客戶之外，他誰都不認識，而那位客戶正在宴會廳的另一端與人談笑風生。

馬克對面有一位身穿亮麗的藍色衣服的年輕女子，雖然他們彼此沒有交談，但她已經引起了他的注意。就在這時，她告訴坐在自己旁邊的男子，說她是個癡迷的集郵愛好者。剛好馬克也是！馬克頓感輕鬆、興奮，因為跟她說話的機會來了。他們有共同點——集郵。

馬克開始說話了。他津津有味的向塔妮亞講起了他的那張一九四八年的珍貴郵票，告訴她得到這張郵票的經過，告訴她當時他的龐蒂克汽車是如何在紐約上城的科特蘭維爾出了故障。

塔妮亞手肘靠在桌上，一個手指輕輕支在頸部，靠近耳朵，身體向馬克前傾，雙肩自然放鬆，雙眼微微睜大。馬克也是雙肘支撐，身體前傾。塔妮亞微笑，他也微笑，塔妮亞點頭，他也點頭，她喝水，他也在做同樣的動作……

馬克和塔妮亞已經建立了和諧的關係。共同的興趣，使他們開始接觸，並且建立了關係。他們之間的和諧表現在許多層面，包括他們相互傳遞和接收的信號和身體節奏，以及他們不假思索、不易察覺的行為特徵。

共同的興趣讓他們彼此接近，相互適應。他們開始喜歡對方，因為他們彼此相像。就這樣，在他們之間和諧的關係已經自然的形成了。他們就這樣很快建立了良好的交往關係。

我們注意到，隨著馬克與塔妮亞之間的和諧關係逐步發展，他們除了眼睛交流外，還有很多層面的溝通。一般人也許很少注意到，但是，受過專業訓練的心理學家卻可以發現這些層面上發生的現象。

他們有著集郵方面的共同興趣，他們面對對方時所表現出來的行為也非常相似。他們的身體語言、臉部表情、語音語調、目光接觸、呼吸節奏和心理活動都協調一致。

簡單的說，他們無意識的表現出相同的行為方式，彼此的動作開始保持同步。當有意建立和諧關係的時候，我們會有意識的找出自己與對方的共同點，縮小彼此的距離和差異。

要有意建立和諧關係，就要有意識的盡量去改變自己的行為，以使自己像另一個人。

☻

你應該懷有一份強烈的好奇心，認真的去傾聽和觀察對方，使你的態度、外表、身體、表情、眼睛、語調、聲音節奏、談話內容等方面盡量和對方類似。藉由「強化」共同點，你就更容易自然的與人建立起和諧的關係。

使對方感受到你與他有許多相似性

表明自己與對方的態度和價值觀相同，就會使對方感覺到你與他有更多的相似性，進而很快的縮小與你的心理距離，更願意與你接近，結成良好的人際關係。在交際中，如果表明自己與對方的態度和價值觀相同，就會使對方感覺到你與他有更多的相似性。

有一位求職青年，應徵幾家公司都被拒之門外，感到十分沮喪。最後，他又抱著一線希望到一家公司應徵。在此之前，他先打聽該公司老總的經歷。透過瞭解，他發現這個公司老總以前也有與自己相似的經歷，於是他如獲珍寶。在應徵時，他就與老總暢談自己的求職經歷，以及自己對未來的發展展望。果然，這一席話博得了老總的賞識和同情，最終他被錄用為業務經理。這位求職者所使用的，就是「名片」效應。

名片效應指的是要讓對方接受你的觀點、態度，你就要把對方與自己視為一體，首先向對方傳播一些他們所能接受的和熟悉並喜歡的觀點或思想，然後再悄悄的將自己的觀點和思想滲透進去，使對方產生一種印象，似乎我們的思想觀點與他們已認可的思想觀點是相近的。

實驗結果表明，經過「名片」遞送程序的被試者要比未經過「名片」遞送程序的被試者，更快的、更容易的接受我們所主張的思想觀點；而本人在對方面前也容易成為一個他們所能接受的、感到親切的、與他們有許多共同點的人。

美國第四十任總統雷根像絕大多數演員和政治家一樣，老早就培養了一種博人喜愛的能耐。他會根據聽眾對象的不同，用精心安排的幽默語言點綴他的演講，以贏得特定聽眾的尊重和支持。

對農民發表演說時，雷根就講述關於種植的笑話；為了迎合選民對政客的不信任思想，他就幽默的暗示政府官員們的愚蠢。即使是遇到尷尬的局面，他也能夠輕鬆自如的應付。

一次，雷根總統訪問加拿大，在一座城市發表演說。在演說過程中，

Chapter3 站在他人立場上思考與處理問題

有一群舉行反美示威的人不時打斷他的演説，明顯的顯示出反美情緒。

雷根是作為客人到加拿大訪問的。作為加拿大的總理，皮埃爾・特魯多對這種無理的舉動感到非常尷尬。面對這種困境，雷根反而面帶笑容的對他說：「這種情況在美國是經常發生的。我想這些人一定是特意從美國來到貴國的，可能他們想使我有一種賓至如歸的感覺。」

聽到這話，尷尬的特魯多禁不住笑了。

雷根運用靈活的談話技巧，入鄉隨俗，隨機應變，有的放矢，拉近了他與聽眾的心理距離，有效的推銷了他的形象。他所使用的，就是一種名片效應。

「名片」效應有助於消除別人的防範心理，緩解他們的矛盾心情，也有助於減少信息傳播渠道上的障礙，形成傳受兩者情投意合的溝通氛圍。掌握名片效應，對於人際交往以及處理人際關係具有很大的實用價值。使用這一交際技巧的要點在於：

首先，要善於捕捉對方的信息，把握真實的態度，尋找其積極的、你可以接受的觀點，形成一張有效的「名片」。

其次，尋找時機，恰到好處的向對方出示自己根據「名片」打造出的形象。這樣，你就可以更容易的達成自己所預期的目標。

☺ 只要我們找準對方的預設立場和基本態度，而後恰當的運用「名片」，就能比較有效的對別人施加影響，並順利的實現自己的目的。

深入瞭解他人，使彼此交流更有成效

深入的瞭解別人，贏得別人的接納，進行真正有效的交流，並非一日之功。人際交往專家總結出以下技巧，有助於我們提高交流能力，解決交流中碰到的難題，使自己的每次交流都富有成效。

一、培養有效的聆聽習慣

一般人在傾聽時常常出現以下情況：一是很容易打斷對方講話；二是發出認同對方的「嗯……」「是……」等之類的聲音。

較佳的傾聽卻是完全沒有聲音，而且不打斷對方講話，兩眼注視對方，等到對方停止發言時，再發表自己的意見；而更加理想的情況是讓對方不斷的發言。

愈保持傾聽，你就越握有控制權。人們之間的交流充滿變數（如自己和別人的談話及聆聽風格等），因而既複雜且具挑戰性。設身處地是成功交流的一個關鍵因素。

聆聽，但不要受別人情感的感染。別人有難處時，應設身處地理解別人，但不能為這種情感左右。必須為自己留點精力去做自己的事。記住，不要做一塊海綿，什麼都予以吸收。

二、聽取反饋、給予反饋

一般來說，反饋是事實和情感因素的結合。交流中的實質信息和關係信息很容易帶來誤解，招致不滿。因此，在提供反饋意見時，應強調共識和積極因素，不要妄作評判或橫加指責。

聽取別人的反饋時，則要抓住其中對自己有價值的東西，不要計較對方的身分和交流的方式，做到言者無罪，聞者足戒。

三、誠實無欺

有時，實話實說的確傷人。但誠實最終能增加建立穩固長久關係的機會。因此，誠實非常重要。如果有什麼事煩擾你，最好盡量直接說出來，以免小事化大，更難處理。

四、平息對方的憤怒

對方怒氣沖沖時，如何冷靜處之，使對方平息下來？

你不妨試試這樣是否有效：讓對方的火發洩出來；表示體諒對方的感受；詢問是否需要幫助；盡量消除引起對方憤怒的問題。一般情況下，最正常的反應是，找引人發怒的人談談，然後逐一解決問題。

五、有創意的正面交鋒

所有其他方式都行不通時，惟有正面交鋒。

這也是擺平各方、理順頭緒的一個機會。如果不願正面對壘，不要因為害怕而逃避，而要理直氣壯。當然，有的時候，藉故避開不失為最明智之舉。

六、果斷決策

如果你疲憊不堪、心中煩惱或忙得無法分身，坦然的說出來。另找一個時間，使自己處於最佳狀態來處理局勢和有關人員的事。

如果優柔寡斷、遲疑不決，可採用以下步驟予以補救：

回顧所有事實；反覆過濾各種可行方案；選擇最佳方式，哪怕這意味著你要多受點委曲；一旦決策，立即行動。

七、不必耿耿於懷

交流中出現失誤，讓你失望或受到傷害，不要掛在心上。不妨自問一下，想不想背上這包袱？自己能從中得到什麼？一旦盡心盡力的澄清了交流中出現的失誤，就要為自己付出的努力驕傲，該過去的，就讓它過去。一番心血沒有白費，心中巨石落地，該高興時要高興才是！

☻

熟練上述技巧，有助於我們提高交流能力，解決交流中碰到的難題，使自己的每次交流都富有成效。

掌握適度的原則，與人愉快交談

語言是一把雙刃劍，用好了，既能提升自己的形象，又能愉悅別人，密切彼此的關係；用不好，則傷人害己，後患無窮。

交流對象的心理，不可不瞭解；說話的技巧不可不學；與人交往的基本原則，不可不懂。以下幾點建議，對於我們在日常生活中與人順利交談非常有幫助：

一、不獨佔談話時間

在與人談話時口齒伶俐雖然是件好事，但是，如果獨自一人滔滔不絕的大發議論，可就不恰當了。

如果非得長篇大論時，至少也得讓聽眾不會感到枯燥無聊。只有這樣，大家才會樂意的只聽你發表高見。即使如此，也還應盡可能的做到長話短說。因為畢竟，談話是不該一個人唱獨角戲的。你總不希望自己一個人霸佔了所有人的時間吧！尤其是在場所有的人均有能力支配屬於自己的時間時，你更應該謹守本分。

我們常能看見一個人獨自講得口沫橫飛。但是，這種人往往可憐得很，他為了施展自己的演講才能，在大眾不耐煩聽下去的情況下，他不得不強抓某個人——通常都是那些最少張口的人，偶爾是鄰座，和他悄聲交頭接耳，以繼續他的談話。這是相當不明智的舉動，也常常招致別人的厭煩。

二、因應不同的對象，選擇不同的話題

談話時，應該盡可能選擇在座人士喜歡聽的話題。與其盡說些歷史、文學，抑或是專業方面的事，倒不如談些天氣、服裝，或東家長西家短，更能引起別人的響應。偶爾也需要談些詼諧的話題。雖然內容不見得有任何意義，但是在不同類型的人們聚會時，作為共通的話題，可以活躍氣氛。

尤其是在談判時，由於時間拉長，將使氣氛越發的險惡；如果能談

些輕鬆的話題，必能將層層的陰霾一掃而空。在這種場合，如果爆出幾句俏皮話，並不是一件不恰當的事。

要迎合不同的對象來改變話題，這是無法經由他人的教導而得的經驗。政治家有政治家的話題，企業家們的話題又有所不同；當然，女性們也有屬於她們自己的話題。如果是人生經驗豐富的人，必然能極力迎合對象，有如變色龍般的變幻顏色，選擇話題。

這並非是世俗的態度，也不是卑賤的態度。換言之，它是建立良好的人際關係所不可或缺的技能。自己無須去扮演各種場合氣氛的營造者，只須配合週遭環境即可。

最好能留意現場的氣氛，亦莊亦諧，恰到好處，使現場的氣氛輕鬆活潑一些。應該盡可能避免會引起對立意見的話題。在意見相左的團體裡，若是不慎丟下火苗，不久，便會引發一場惡戰。假如談話苗頭不對，唇槍舌劍將會一觸即發，應該盡快機靈的岔開話題，結束不愉快的爭端。

三、盡量少談論自己

在眾人聚會的場合裡，最糟的莫過於將所有的話題都放在自己身上。

這點應極力避免。無論是多麼出眾的人物，只要是談論自己，自然而然的腦海中便讓虛榮心與自尊心給盤踞了，如此一來，必將引起眾人的不快。有些人會在談話中突如其來的冒出與別人正在談論的話題無關而只與自己有關的事，結果給旁人落得一個傲慢自大的印象。

有些人則會以自認為巧妙的方式提起自己，例如大夥兒正在批評某些不正當的行為時，他會洋洋自得的舉出自己的優點來加以比較。如：「說這種話是相當可笑的，我是絕不願意說這種話的。」「如果是真有那種事，我也說不出口。」「對我來說，為了自己沒做過的事，而遭受他人猛烈的抨擊，即使是說破了嘴，我也會百般辯解的。」這樣標榜自己，極易引起別人的反感。

也有人雖然同樣是在訴說自己的事，卻會故意採取低姿態的方式，拚命貶低自己，以博得別人廉價的同情與關注。這種人就更愚笨了。首先他表露了自己是個弱者；然後，慨歎自己不幸的身世，並向上帝發誓。最過分的是，當他說這些話時，還表現出一副羞怯靦腆、躊躇不決的模樣。這樣做是很不明智的——即使再怎麼怨歎自己的不幸，並取得周遭人們的同情，也是於事無補。就如同他自己說的，他真是能力不足，所以什麼事也做不成；別人也無法施以援手。但是，到了這種田地他們依然無法覺悟，儘管瞭解自己盡做傻事，卻只能滿腹牢騷的怨天尤人。他們的結局就不言可喻了。

四、切忌自我吹噓

有些人表面上不露痕跡，巧妙的掩飾了自己的虛榮心與自尊心。但是，當他遭逢挑釁不得不亮出底牌時，便會開始露骨的自吹自擂。

你也曾見過這種情形吧！有人一心一意的想聽別人的奉承，於是便先自吹自擂。和自己沒多大關係的事也一一拿來吹噓，說自己是某某偉大人物的後裔或親戚，彷彿自己也是一代名人般。他的祖父是某某人、伯父是誰、親友是做什麼的……不停的背著家譜。

就算他所說的全是事實，又如何？這樣就能證明他自己的偉大？事實恐怕並非如此吧！某些人常因虛榮心作祟，說些愚蠢、誇張的話。但這樣做反而無法獲得預期的效果，旁人對自己的評價反而會一落千丈。

選取與本質全然無關的事物，大肆的吹噓，只會暴露自己缺少內涵的缺點罷了。

五、不可中傷他人

應該注意到，對於他人的醜聞，自己不可熱衷，更不應加以傳揚。或許在座的某些人會表露出極大的興趣；但是，若冷靜的想一想，這種行為絕對是有百害而無一利的。如果是無中生有的中傷，更會對當事人造成莫大的傷害。

☻

以上講述與人交談的基本原則，它們看似簡單，卻不能不引起我們的重視，否則，就可能因「失言」而後悔，甚至造成巨大的遺憾。

在溝通中吸引對方注意的三大祕訣

一位西方的著名學者指出，在溝通和交流中吸引對方注意力的三大祕訣為：弄清誰是你的傾聽者；找出對方的強烈需求；謹慎的決定如何幫他滿足需求。

在溝通中想要吸引對方的注意力，你必須做到以下三點：

一、根據不同的傾聽對象採取不同的方式

假如你作為經理將要和一批僱員討論如何提升工作效率或者你正召集推銷人員開會，那麼你的態度、重點乃至整個方法，都不同於你就相同話題向上司做的匯報。

這裡不是建議你對下屬說話可頤指氣使。遺憾的是，很多管理人員都這樣做，卻不明白他們為什麼得不到下屬的合作；很多家長教育子女

時也這樣。

有些牧師對教徒的態度一如許多教師對學生那樣居高臨下。坦率的說，最易令人反感的就是高人一等的腔調。

作為下屬，吹捧上司或其他權威人物，極盡諂媚討好之能事，也不足取。阿諛奉承像透明罩衫一樣易於識破，也令人生厭。

總括來說，對人居高臨下或奉承諂媚皆不明智。不論他是誰，做什麼，最好與他推心置腹，想要把握支配他人以便讓他對你言聽計從，更應如此。但是，傾聽者的地位、職位和職業，即他是誰，做什麼，都肯定會影響你的開場白或說話的態度。

二、給別人足夠的關注

當你瞭解清楚你的傾聽者會是誰、他將會是什麼樣以後，你就應該找出什麼是他最強烈的需求。

每一個正常的人都希望瞭解怎樣才能得到愛，怎樣賺錢，如何得到名譽或權力，怎樣保持健康，等等。你應該弄清什麼是對方目前最大的願望，以便引發他的興趣。

怎樣才能做到這一點呢？首先要密切注意他說些什麼，以便發現他到底缺少什麼或需要什麼。你如此關注一個人的時候，對方也會對你留意。道理很簡單，你知道無論貧富、老幼、幸與不幸，我們每個人都有一種強烈的受關注的願望。

比如，一個哭鬧的小孩拉扯他母親的衣服，就是在呼喚母親的關注。母親給了他所希望的關注之後，他便會停止哭鬧和拉扯。一個不忠而出軌的丈夫最需要的是什麼呢？大多數的情況是他在尋求其妻子未曾給予他的關注。

幾乎所有的人都有這種渴望：請注意我！

還要記住你的傾聽者也是人。他也需要你的關注，所以要滿足他。注意他、注意他說些什麼，以便發現他最需要的是什麼，對什麼最感興趣。當你把全部關注給予一個人的時候，對方也將對你報以專注。這樣，彼此的溝通和交往就會順暢很多。

三、明確決定如何幫他滿足需要

得知你的傾聽者對什麼最感興趣之後，你應該分析自己的各種有利條件和因素，以便確定你怎樣幫他。在多數情況下，我們都知道該怎麼做——做些適當的調整，盡量滿足他的特定需要。

例如，你可以說服你的家人接受你的觀點。為了讓孩子打掃他的房間或在學校取得好成績，你可以許他以惠；妳可以向丈夫說明，帶妳出去用晚餐、給妳買那件新衣服以及到海濱度假，而不只是為釣魚或露營才去海濱，妳會感到更開心。

☻

實際上，你不必非得是專業推銷員。不論做什麼，我們都是「推銷員」，都想向他人推銷自己的觀點，以便讓他們按我們的意志行事。

要做好「傾聽者」的角色

認真傾聽是深入瞭解別人，為彼此的深入交往奠定良好基礎的重要手段。而為了更好的傾聽別人的心聲，察言是很有學問的技巧。

生活中有很多這樣的例子。你的一個朋友正在向你傾訴，很可能他說的事情是完全與你無關的，是你不關心或不感興趣的，但你絕不能表現得不耐煩。

你應當進入角色，而你的角色就是「傾聽者」，這也是考驗你們友情的時刻。如果你的心裡真的有這位朋友，那麼無論他說什麼，你都應該是樂於聆聽的。

想探知說話者的心理，可以由以下方式著手：

一、由話題知心理

人們常常將情緒從一個話題裡不自覺的呈現出來。話題的種類是形形色色的，如果要明白對方的性格、氣質、想法，最容易著手的步驟，就是要觀察話題與說話者本身的相關狀況，從這裡能獲得很多的信息。

與中年婦女交談時，她們的話題多是她們自己，因為她們覺得自己才是她們最大的關心對象。有時也談論丈夫或孩子，那是她們把丈夫或孩子看成了自己的化身，談論他們也等於在談論自己。對於這樣的中年婦女，你要作為一個傾聽者的形象出現，承認她們是賢惠的妻子、偉大的母親。

二、措辭的習慣流露出的「祕密」

語言表明出身，語言除了社會的、階層的或地理上的差別外，還有因個人的修養而出現差別的心理性的措辭。

人的種種曲折的深層心理，會不知不覺的反映在自我表現的手段——措辭上。即使與自己想表現的自我形象無關，透過分析措辭，常常就可以大致上看出這個人的真實形象。在談話中常使用「我」的人，獨立心和自主性強；而常用「我們」的人，多見於缺乏個性、易埋沒於集體中、隨聲附和型的人。

三、說話方式才能反映真實想法

一般說來，一個人的感情或意見，都在說話方式裡表現得清清楚楚，只要仔細揣摩，即使是弦外之音，也能從說話的簾幕下逐漸透露出來。

✓說話快慢是看破深層心理的重要關鍵。如果對於某人心懷不滿，或者持有敵意態度時，許多人的說話速度都變得遲緩，而且稍有木訥的感覺。如果有愧於心或者說謊時，說話的速度自然就會快起來。

假如有一個男人每天下班都按時回家，而這一天他下班後卻留在辦公室與同事打牌。回到家時，他就馬上跟妻子說他加班了，而且還要詛咒「現在為什麼有這麼多的工作做不完」等等之類的話。他的說話語調也一定會比平常快，這樣，他可以解除內心潛在的不安。

✓從音調的抑揚頓挫中看破對方心理。當兩個人意見相左時，一個人提高說話的音調，即表示他想壓倒對方。

對於那種心懷企圖的人，他說話時就一定會有意的抑揚頓挫，製造一種與眾不同的感覺，有一種吸引別人注意力的慾望，自我顯示欲隱隱約約的透露出來了。

✓由聽話方式看破對方心理。構成談話的前提包括了兩種不同立場的存在者，即說話者與傾聽者。我們可以根據對方對自己說話後的各種反應，來突破對方的深層心理。

如果一個人很認真的傾聽，他大致會正襟危坐，視線也一直瞪著對方。反之，他的視線必然會散亂，身體也可能在傾斜或亂動，這是他心情厭煩的表現。

☻人內心的思想，有時會不知不覺在口頭上流露出來，因此，與別人交談時，只要我們留心，就可以從談話中探知別人的內心世界。

盡量去肯定別人，不要自我狡辯

一個情商高的人往往是會溝通的人，他們知道怎樣和別人談話交流，怎樣維持良好的溝通氛圍。他們善於肯定別人，也勇於承認自己的錯誤，他們永遠語氣平和，絕不會狡辯、更不會強詞奪理。善於溝通的人是交際中受歡迎的人。

有些人在與別人交談的過程中，會不自覺的傷害到對方。從表面上看起來，他們也沒有做出什麼無禮的舉動，也沒有談論到不愉快的事情，但只要交談的時間一長，就會讓人感到疲憊，只想快點結束談話。原來，他們與人交談的方式存在著很大的問題。

讓人愉快、影響對方情緒的交談方式，並不單純是指口才高低。有時，口才好的人反而更讓人厭惡。因為在交談中，他們善於狡辯，喜歡否定對方的觀點。比如，下面的例子：

小美：「今天的天氣真熱啊！」

美麗：「是啊！可是昨天的天氣比今天還熱。」

小美：「這麼熱，最好是吃涼麵！」

美麗：「難道妳不知道嗎？涼麵是冬天吃的東西啊！在酷熱的夏天，吃冰涼的食物對身體不好。除了涼麵，還有沒有更好的東西呢？」

小美：「妳覺得雞湯怎麼樣？」

美麗：「這麼熱的天，吃那種東西會出一身汗啊！還是吃涼菜和米飯吧！」

以上的對話中，很難發現美麗的言詞有什麼不對，但這種對話只要持續幾分鐘，小美就會感到極度疲勞。

只要仔細分析以上的對話就會發現，無論小美說出多麼平常的話題，美麗都會持否定的態度去反駁對方的話。即使她同意小美對天氣的看法，也會繞個彎予以否定。

透過這種對話方式，小美很快就會發覺，美麗不但不接受自己的觀點，而且不停的狡辯，把自己說出的話都一一反彈回來，因此，小美會在不知不覺中感到壓抑，甚至會產生對方不尊重自己的想法。

如果跟美麗這類的人談話，為了得到她的認可，而忙於挑選順應對方的話題，就會一直處於疲於應付的狀態。可想而知，這種交談無論如何都讓人愉快不起來。

在與別人交談時，有些人認為如果隨便同意對方的建議，就會顯得自己缺乏主見。因此，不管遇到多麼瑣碎的事情，都要按照自己的思路去引導談話內容。

比如，如果小美對美麗的話提出異議，她們就會圍繞「天氣熱時該吃什麼？」的話題而展開激烈的爭辯。如此一來，爭辯的勝利者一定是美麗，但是透過這場爭辯，美麗又能得到什麼呢？她不但沒有得到任何東西，反而會失去對方對自己的好感。當朋友們感到疲倦而不想見到你時，你很可能和美麗是同一類型的人。

在現實生活中，我們應該隨時反省自己，會不會在交談中讓對方感到疲倦或傷害到對方。那種專門否定別人的人，人際關係也不會很融洽。

因為他們不會在乎朋友的喜怒哀樂，而僅僅是為了「維持人際關係」而已。即使你的人際關係不是很寬廣，但至少也要找到一個值得信賴的知心朋友，為此，首先你一定要學會肯定別人。

除了要學會肯定別人，摒棄自我狡辯的壞習慣之外，還應該學會勇於承認自己的錯誤，不要迴避自己犯下的錯。必要的時候，真誠的道歉，這樣才能維持你所珍惜的朋友關係。

人類大腦中管理情感的區域擁有很強的記憶力，因此，你永遠都無法抹去受創傷所烙下的疤痕，而且每當遇到類似的情況時，潛伏在內心深處的傷痛就會死灰復燃。

一次不經意的傷害都會讓人銘記終生。既然如此，你還會輕易說出傷害別人的話嗎？如果不小心說了，那就不要迴避，真誠的說「對不起」，否則，這將是你和朋友之間永遠的一道藩籬。

我們經常聽到「如果是朋友，就應該說實話」、「直言相勸說出忠告的人，才是真正的朋友」之類的話。但是，說實話並不一定要以傷害對方為代價，所以千萬不能輕易的說出傷害朋友的話，特別是不能隨便直接批評對方。

☻ 聰明而善於交往的人，不會隨便輕易的否定別人、傷害別人，他們最擅長的是肯定對方、否定自己，直言不諱的承認自己觀點上的錯誤，用真誠的讚美和發自內心的理解贏得溝通的勝利和朋友的好感。

隱蔽的假設，可能使你偏離事實真相

正如格斯塔心理學派所說的那樣，要探明一個洞，我們就先用一根棍子捅一捅，看看它有多深。我們可以把這句話解釋為：要探索世界，我們就運用假設，直到它被事實所否定——在試圖瞭解別人的時候，也是同樣的道理。

自從呱呱落地，我們就開始形成各種假設。例如：灼熱的東西會燙痛我們；母親的懷抱會使我們感到溫暖舒適。

隨著我們長大成人，大量的假設湧流而來，裝進我們的腦袋。沒有假設，我們就會不知如何生活。我們把鈔票付給售貨員，假設他就會給我們商品和找零錢；我們寄出訂閱單，假設自己將會收到雜誌；我們登上班機，假設它將會準時在預定的機場降落……

Chapter3 站在他人立場上思考與處理問題

然而，我們必須不時清理自己頭腦中的假設。有些是錯誤的，必須拋棄；有些需要加以修正；僅僅有部分是可以保留原樣的。

幾乎沒有人意識到，我們的信念有很大一部分是建立在無意識的、隱蔽的假設之上。要揭示這些假設並不容易，我們往往對這些假設的存在毫無察覺。就像流冰隱藏在海中一樣，我們頭腦裡的假設十分之九都隱伏在意識之下。

舉一個有關隱蔽的假設的簡單例子。如果有人問你：七月四日（美國獨立節）這一天在英國叫什麼？你也許不知如何回答，因為你已經作了這樣一個假設，即那人實際上是在問：「獨立節這一天，在英國叫什麼？」要是沒有這種隱蔽的假設來干擾，你一定能做出正確的回答：「就叫七月四號吧！此外，還能把七月三號和七月五號之間的這一天叫什麼呢？」

關於隱蔽的假設，還可以舉一個例子。如果有人告訴你，他看見有個乞丐從某女士的房間走出來，你不會感到大吃一驚嗎？你所以會感到吃驚，是因為你對此有一個隱蔽的假設：那個乞丐是個男人。然而，那個人並沒有這麼說。正是這個隱蔽的假設，使你偏離了事實真相。

在人類的信息交流系統中，我們的假設至關重要。我們無時不刻都得運用各種假設，去整理和努力理解我們受到的千千萬萬個含意不清的外界刺激。我們接收一個信息，對它加以解釋，做出一個「初步猜測」——即一項假設，我們以此作為行動依據，直到它被事實所否定。

我們對他人的動機和行為揣著隱蔽的假設，有時，這會使自己陷於極大的被動。其原因之一，在於我們對他人的內心世界所作的假設，都帶上了我們自己觀點的色彩。

我們只喜歡聽自己希望聽到的話，而不是聽一聽別人究竟在說些什麼。我們沒有任何事實根據，就假設他們說的是如此這般的事情。

有時，我們是如此自信，以致別人還沒有機會開口，我們就斷定他要說些什麼。我們打斷他的談話，對他也許要說的事情大發議論，卻從來不讓我們自己有機會聽一聽他究竟會說些什麼。這樣，我們就喪失了寶貴的信息。

在聽對方發言的時候，我們必須意識到，我們的世界觀僅僅是個人的世界觀，我們的價值觀點也只是個人的價值觀，我們的道德觀只適用於我們自己。

☻ 我們必須記住，要駁倒一個簡單的假設並不難，而隱蔽的假設，卻不易察覺，難以糾正。

站在對方角度考慮就容易說服別人

你如果要勸說一個人做某件事，在開口之前，最好先問問自己：我怎麼樣才能使他願意去做這件事呢？成功的人士往往都善於與別人合作，他們懂得站在對方的立場上考慮問題。

肯尼斯·吉德在他一本名為《如何使人變得高貴》的書裡有這樣的話：暫停一分鐘，冷靜的想一想，為什麼你對有些事情興趣盎然，對另外的事情卻漠不關心？你將會知道，世界上任何人都有使他感興趣的事情，也有他漠不關心的事情。感興趣和漠不關心都是有原因的。如果你能站在別人的立場多想想，就不難找到妥善處理問題的方法，因為你和別人的思想溝通了，彼此就有了理解。

美國著名的人際交往大師戴爾·卡內基每季都要在紐約的某家大旅

館租用大禮堂二十個晚上，用以講授社交訓練課程。

有一個季度，他剛開始授課時，忽然接到通知，房主要他付比原來多三倍的租金。而這個消息到來以前，入場券已經印好，而且早已發出去了，其他準備開課的事宜都已辦妥。很自然，他要去交涉。怎樣才能交涉成功呢？

兩天以後，他去找經理，說：「我接到你們的通知時，有點震驚。不過，這不怪你。假如我處在你的位置，或許也會寫出同樣的通知。你是這家旅館的經理，你的責任是讓旅館盡可能的多盈利。你不這麼做的話，你的經理職位很難保得住，也不應該保得住。假如你堅持要增加租金，那麼讓我們來思量一下，這樣對你有利還是不利。」

「先講有利的一面。大禮堂不出租給講課的人而是出租給舉辦舞會、晚會的人，那你可以獲大利了。因為舉行這一類活動的時間不長，他們能一次付出很高的租金，比我這租金當然要多得多。租給我，顯然你吃大虧了。」

「現在，來考慮一下不利的一面。首先，你增加我的租金，卻是降低了收入。因為實際上等於你把我攆跑了。由於我付不起你所要的租金，我勢必再找別的地方舉辦訓練班。」

「還有一件對你不利的事實。這個訓練班將吸引成千的有文化、受過教育的中上層管理人員到你的旅館來聽課，對你來說，這難道不是起了不花錢的活廣告作用了嗎？事實上，假如花五千美元在報紙上登廣告，你也不可能邀請這麼多人親自到你的旅館來參觀，可是我的訓練班替你邀請來了。這難道不划算嗎？」

講完後，卡內基告辭了：「請仔細考慮後再答覆我。」當然，最後經理讓步了。

在卡內基獲得成功的過程中，沒有談到一句關於他要什麼的話，他是站在對方的角度想問題的。

可以設想，如果他氣勢洶洶的跑進經理辦公室，提高嗓門叫道：「這是什麼意思！你知道我把入場券印好了，而且都已發出，開課的準備也已全部就緒了，你卻要增加三倍的租金，你不是存心整人嗎？三倍！好大的口氣！你病了！我才不付哩！」

想想，那該又是怎樣的局面呢？大吵大鬧必然把事情給搞砸了。你會知道爭吵的必然結果：即使他能夠辯得過對方，旅館經理的自尊心也很難使他認錯而收回原意。

設身處地替別人想想，瞭解別人的態度和觀點比一味的為自己的觀點和主張作爭辯要高明得多，不管在進行商業談判或是在生活中說服別人的時候都是如此。

某家用電器公司的推銷員挨家挨戶推銷洗衣機，當他到一戶人家裡，看見這戶人家的太太正在用洗衣機洗衣服，就忙說：

「唉呀！這台洗衣機太舊了，用舊洗衣機是很費時間的，太太，該換新的啦……」

結果，不等這位推銷員說完，這位太太馬上產生反感，駁斥道：「你在說什麼啊！這台洗衣機很耐用的，到現在都沒有故障，新的也不見得好到哪兒去，我才不換新的呢！」

過了幾天，又有一名推銷員來拜訪。他說：「這是令人懷念的舊洗衣機，因為很耐用，所以對您有很大的幫助。」

這位推銷員先站在太太的立場上說出她心裡想說的話，使得這位太太非常高興，於是她說：「是啊，這倒是真的。我家這台洗衣機確實已經用了很久，是太舊了點，我倒想換台新的洗衣機！」

於是，推銷員馬上拿出洗衣機的宣傳小冊子，提供給她做參考。

這種推銷說服技巧，確實大有幫助，因為這位太太已被動搖而產生購買新洗衣機的想法。至於推銷員是否能說服成功，無疑是可以肯定的，只不過是時間長短的問題了。

一般來說，被說服者之所以感到憂慮，主要是怕「同意」之後，會不會發生意想不到的後果；如果你能洞悉他們的心理癥結，並加以防備，他們還有不答應的理由嗎？

至於令對方感到不安或憂慮的一些問題，要事先想好解決之道，以及說明的方法，一旦對方提出問題時，可以馬上說明。如果你的準備不夠充分，講話模稜兩可，反而會令人感到不安。所以，你應事先預想一個引起對方可能考慮的問題，此外，還應準備充分的資料，給客戶提供方便，這是相當重要的。

Chapter3

站在他人立場上思考與處理問題

☻ 善於觀察與利用對方微妙的心理，是幫助自己提出意見並說服別人的要素。

避免正常的衝突擴大或往消極發展

戴爾．卡內基說：「事實上，你不能在爭執中獲勝。你輸了，就是輸了；即使你贏了，也等於輸了。原因何在？即使你贏了對方，把他說得體無完膚，你也許覺得當時很解恨，但是，因為你逼得對方低你一等，刺傷了他的自尊，就招致了他對你一輩子的怨恨。」

人際交往，並非如我們所想像的那樣，永遠風和日麗，完全和諧、平靜，完全無衝突。衝突本身，並無好壞，只是它的性質和對待它的態度上有積極與消極之分。

積極的衝突非但不會鬧翻臉，反而能在衝突中互相學習，互相取長補短，統一認識，求得和諧。然而，其中的尺度如果掌握不好的話，那麼，正常的衝突也就可能向消極衝突轉化。

衝突在所難免，那麼，如何具體的避免衝突擴大或者積極衝突向消極衝突轉化呢？以下幾點建議非常值得借鑑。

一、採用聰明的方式進行辯論

愛默生說：「什麼是辯論？辯論就是指說話時，把自己所瞭解的事實翻譯成使對方一聽即懂的語言的能力。」

蘇格拉底好辯，街頭就是他宣講自己哲學並與人辯論的地方。但是，蘇格拉底卻從來沒有在與人爭論的時候發生過出言不遜、傷害對方的情況。這不得不歸功於蘇格拉底辯證的智慧與魅力了。

辯論時，蘇格拉底總是以最淺顯的生活事例向對方發問，當對方回答後，他又是一個又一個的問下去，把自己打扮成無知狀。但正是透過這一系列的發問，蘇格拉底讓對方自己在這一過程中發現了真理，對蘇格拉底心悅誠服。

經過辯論，找到真理，這就是辯論的目的，辯論的雙方無所謂勝與敗，因為不是誰勝誰，而是真理本身勝利了。抱有這樣的心胸，很顯然真理也找到了，朋友也維持了，何樂而不為呢？

二、主動的檢討和反省自己的錯誤

發生衝突，如果錯在一方，那麼爭論很快就會結束。但常見的衝突則是雙方都有點理，於是乎互不相讓，揪住對方的把柄不放，把氣氛搞得烏煙瘴氣，結果兩敗俱傷，關係也急劇惡化。

一般而言，衝突難以平息的原因主要有兩種：

一是情感因素。衝突出現激情時，情感中樞高度興奮使思維中樞受到抑制，這時的衝突已不再是求得真理了，主要在於要擊倒對方以求得心理平衡。

此時的衝突者往往缺少理智控制，缺乏自我反省，就是自己錯了，也發現不了，只顧像西部牛仔一樣，向前猛衝、猛打，擊倒對方。

二是自我人格因素。有的人個性太強，於是在一激動時、就不顧及對方的尊嚴、人格，只顧強調自己的「尊嚴」、「人格」、「權利」，甚至在毫無道理的時候，也盛氣凌人，拒絕認輸。結果，也許在氣勢上佔了上風，可是卻因此而失掉一位朋友。

正確的態度應該是，雙方都對對方值得肯定的地方加以肯定，對自己錯誤的地方加以反省。這樣的話，就形成一種互動關係，感情不但不會惡化，反而會使雙方更加有勇氣承擔責任。

小說《卡瑪爾》中的約翰，在與卡瑪爾大吵一架後，憤然出走。在去倫敦的路上，別離的愁緒驅使他認識到自己的過錯，於是中途折返，向卡瑪爾當面賠不是。

卡瑪爾怎禁得起這般的懺悔？哭著撲向約翰懷裡：「親愛的，你沒錯，都是我不對，我不該惹你生氣。」於是乎，一場看來勢在必行的大衝突，在這自我檢討中冰消瓦解，雙方比以前愛得更加深刻了。

三、學會進行換位思考

人，常有一種以自我為中心的傾向，替自己考慮得多，替別人考慮得少，總覺得對方不對。責任在對方的思維方式是無法解決問題的。

爭執時的心理狀態是，雙方都在想：錯誤在對方，只是對方沒有認識到或不願意承認它而已。此時，若雙方就這樣對峙，衝突升級的可能性就很大。如果在這個時候，雙方都換一下位置，那麼就可能在某些方面達成共識和諒解，而在明顯不同的地方，雙方也可能會存留下來，讓以後的實際狀況去檢驗，即使當場仍要爭論，在這種換位思考的背景下，也容易很理智的進行。

四、盡量在諒解和妥協中解決問題

在生活中，避免和別人爭論，可以節省你的大量時間與精神，使你投入到完善你的觀點和實現你觀點的工作中。

你沒有必要浪費太多的精神，去做那種沒有結果也毫無意義的事情。少去了面紅耳赤的爭論，只會使雙方尊重對方，進而增進友誼，有利於思想交流，意見的轉換。

生活本身就是複雜的，人也一樣，世上的人千差萬別，如果完全用自己的標準去評判每一個人，就永遠也不會找到一個真正的朋友。有鑒於此，當衝突產生時，我們應多一份諒解的心，少一份好勇鬥狠的心。

☻ 與人交往，應以維護雙方的關係出發，彼此謙讓，不要鋒芒畢露，咄咄逼人，學會諒解，並盡量在適度的妥協友好中解決問題。

CHAPTER 4

讓情商為你提供追求成功的動力

沒有一個成功者是僅僅依靠智商取得傑出成就的。一個人事業上的成功，需要有正確的思想和理念的指引。真正具有建設性的精神力量，蘊藏在左右一生命運的情商中。

情商不是情緒的發洩，是對情感的察覺與善用。每時每刻的精神行為，會對生命產生決定性的影響。你的人生正如一輛全速行駛的列車，而你的情商能為它提供足夠的動力，決定它前行的方向。

努力成為善於適應環境變化的人

詩人惠特曼說：「讓我們學著像樹木一樣隨遇而安、順其自然，面對黑夜、風暴、飢餓、意外等挫折的考驗。」

動物學家們在做青蛙與蜥蜴的比較實驗時發現：青蛙在捕食時，四平八穩、目不斜視、呆若木雞，直到有小蟲子自動飛到牠的嘴邊時，才猛然伸出舌頭，黏住飛蟲吃下去。之後，牠又開始那目不斜視的等待。看得出來，青蛙是在「等飯吃」。

而蜥蜴則完全不同，牠們整天奔忙在私人住宅區、舊大樓、蓄水池邊等地方，四處遊蕩搜尋獵物。一旦發現目標，牠們就會狂奔猛追，直到吃進嘴裡為止。吃完後，牠們在稍作休息、喝口水後，就整裝待發，又去「找飯吃」了。

我們不妨將青蛙和蜥蜴的捕食方法當做兩種不同的人生態度來看。青蛙的捕食方法當然也有可能吃飽，但牠的缺陷是對外界的依賴性很高。當蚊子比較多的時候，牠可以原地不動的守在一處就能吃得大腹便便，但一旦池塘乾了，青蛙也就消失了；而蜥蜴依然活躍在池塘邊。

這種現象可以帶給我們很多啟示。

作為一個生活在快節奏社會中的現代人，你可以不去嘗試新機會，你也可以不讓自己受苦受累，你更可以不用掌握新技能；但你也會同時失去好運氣、好身體和讓人羨慕的生存能力。就像那坐地等食的青蛙，一旦池塘乾涸了，就只能接受被淘汰的命運。

生活像個萬花筒，五顏六色，千變萬化。對於這種變化，有的人能較快接受、適應；有的人則需要較長的時間才能接受、適應。

有的人能愉快接受、適應；有的人則需要有個從苦惱到愉快的轉變過程。當然，也有的人很長時間、甚至終生無法接受、適應某種事物變化。究其原因，這裡有個適應環境能力的問題。

一個人不可能總是生活在同一個環境中，即使是生活在同一個環境中，環境也會時常發生變化。如果不能適應環境的變化或者適應新環境，則只能歸於失敗。

在我們的生活中，都有過這樣的經歷，當進入一個不熟悉的環境後，總是感覺吃不好，睡不好，甚至還會大病一場。這是因為初入一個新環境，身體的各項機能對新環境缺乏必要的適應性。

自然界的物種越來越少，就是因為人為的破壞使得許多生物難以適應。人類雖然是自然界的高等智慧生物，但有時也會對周圍生存環境變化不太適應，這也會嚴重的影響你的事業的拓展。

在人的一生中，有一多半的時間都在被動的接受適應生活的考驗。因此，我們每時每刻都在做著無形的適應生存的工作。也許我們一時感覺不出適應的奇妙性，但當我們在某個地域站穩腳跟，並且生活了很長一段時間後，就能夠感覺到適應是一件多麼重要的事情。

適應是一個過程，這個過程需要頑強的意志和堅韌的耐心。有時就像嬰孩從母體裡脫離，要適應到外面的世界生存一樣，掙扎是痛苦的，但痛苦後的啼哭又是十分幸福的。

適應會消耗大量的智慧技能。所以，在適應中，我們還需不斷加強知識的累積和體能的鍛鍊，儲備良好的智慧、體能等競技食糧。

適應是複雜的，因為環境總在變化。有時看起來容易生存的環境，而真正去生活卻十分艱難；有時看起來艱難的環境，適應起來卻非常容易。因此，我們要學會看清物質內在的東西，然後選定自己進軍的目標。

成功的人生總是不斷進取與創造的人生，未雨綢繆，把居安思危當做自己的座右銘。對於充滿激情的青少年來說，只有把成功作為一種信仰，才不會受制於生活環境的變化，人生的道路才會越走越寬。我們只有學會適應生活，才會立於不敗之地，面對這不可避免的事實和嶄新的生活環境。

要想提高自己對社會的適應能力，首先要適應環境，要善於瞭解自己所處的環境有了哪些變化，這些變化都有什麼特點，這樣才能針對變化了的環境對自身做出調整。

每當環境變遷後，要審時度勢，看看自己是處於怎樣的變化之中，是從鄉下走到城市，從普通學校來到明星學校，還是走出家庭生活步入學校的團體生活。只有在生活和學習上不斷的調整自己，才能去適應新環境對自己的要求。

在適應社會的過程中，要勇於面對現實，正視自己。對變化了的「我」，對新環境中的實際的「我」，要有客觀的估量，特別是要真正認識自己的實力。例如：面對學習成績的相對下降或個人地位不如以前突出等情況，不能一蹶不振，而要冷靜的分析各種原因。如果透過個人努力可以迎頭趕上，那就要樹立信心，加倍努力；如果能力不及，或是非個人原因造成的，就不要過分苛求自己，更不能灰心喪氣。

要取他人之長，補自己之短或揚己所長，避己所短。要在瞭解自我、瞭解現實的基礎上，盡快做到自我價值的實現。

☻

一個人未來的希望應建立在自己的能力和條件所及範圍之內，不要盲目的處處與他人攀比，也不要對他人的評價過於敏感。

在競爭中勝人一籌的生存法則

當今社會競爭很激烈，你不懂得求生的方法，別人就要瓜分你的所有，搶去你的工作和女友，總之，你會大敗吃虧。

你有沒有籌劃一下自己的生活，還是做一天和尚撞一天鐘，一切隨遇而安？如果你沒有明確的目標，就很可能失利。你要想勝人一籌，就必須瞭解一些求生的法則。

這一切並無奧祕，只需正視事實。有學者制定了一套生存法則供大家參考。這套法則未必完全公允，但就如萬有引力一樣，是不可否定的事實。你可以不屑一顧，繼續在人生路上跌跌撞撞，不知道自己為什麼總不成功；你也可以身體力行，展開有目標的生活。

值得我們嘗試的追求卓越的法則如下：

一、瞭解別人，爭取支持

請想想商政以至其他各界的領袖人物，他們大都知道怎樣使自己要做的事獲得別人的支持。他們會說服別人接納其觀點，也知道別人會怎樣做。

你要想獲得別人的支持，你必須知道他們最重視的是什麼？他們有什麼信仰和恐懼？你要說什麼才可以獲得他們信任？你要駕馭別人，也必須尊重別人的自尊，同時要他感到「此事對我有益」。

你要向可信賴、經驗豐富的人學習。例如：你找到了一份新工作，就應向一兩位老員工探聽公司操作的方式。他們熟知公司的情況，可以告訴你高層的喜好，甚至告訴你晉陞的祕訣。

你必須明白自己和同事「為什麼」以及「怎樣」做目前的工作。你要瞭解人類的天性，只有這樣，你做的一切才能引起別人的共鳴。

二、對自己的行為負責

你還必須明白：你應該為自己的行為負責。假如你不喜歡目前的工作，假如你活得不快樂，責任在你自己的身上。只要你承認，目前情況是自己造成的，那麼，你就可以分析，自己是怎樣導致如今的局面的。你是否誤信他人，或忘了提出自己的要求，或對自己的要求過低？

明白了自己的責任，你就開竅了，不會再說：「他們為什麼這樣對我？」你會說：「我幹嘛這樣對待自己？我要怎樣自我改造，才能改變這種局面？」你明白了解決問題要靠自己，就會行動起來改變自己的生活。當然，這並不是說你該責怪自己，只是說你要對自己的所為負責。這裡的差別是很重要的。

我們必須明白的是：怎樣選擇、怎樣處事都由我們自己決定，因而我們應該為結果負責。即使你童年時曾經有過慘痛的經歷，那時，你無力抗拒；現在你身為成年人，絕對可以自求多福。你必須明白，過去的事已經過去，未來的事還未來臨，你要知所取捨。

三、人之所為，多看回報

你想節食，嘴巴卻忍不住；你想冷靜，卻忍不住發脾氣；你完全不想讓步，最終卻讓步了。這樣的事不斷發生，究竟應該怎樣解釋呢？

你違反本意，是因為可以得到回報。最簡單的例子就是飲食過度。

你知道吃得太多不利健康，但為求一飽口福，你欲罷不能。

假如你想停止某種行為，就必須消除這種行為會給你帶來回報的想法。假如你想影響他人的行為，就該先瞭解他們所求的回報是什麼，要他們依你的心意行事，然後，才可以得到所求的回報。

瞭解並掌握行為的回報，你就可以控制自己或他人的行為。這個原則可以令你掌控事物的能力大大增加。

四、正視問題才能解決問題

假如你不願意正視問題，就不可能解決問題。你必須切實瞭解自己的不是，不怕質疑自己的信念與行為。你是不是太懶惰了？太膽小了，你有沒有生活目標？是不是經常對自己失信？不能一味替自己找藉口推卸責任。推卸責任會扼殺夢想，甚至會使你走上絕路。

如果你總是推諉、逃避，你就永遠無法正視問題，於是也就不能解決問題。你要承認自己不是完美的，要能夠從經驗中吸取教訓，勇於抉擇，改變不符合理想的現狀。

五、行動才有回報

人家怎樣看你，會嘉許還是懲罰你，都取決於你的行為。換言之，行動才是最重要的。

你心裡想什麼，人家不會在意。無論你有什麼思想或大道理，假如不付諸實施，就沒有任何價值。比如：醫生明知病人已氣息奄奄，卻不聞不問，病人就死定了；明知你的婚姻已經出現危機，還不努力補救，婚姻最後一定以離婚收場。

你只有切切實實改轅易轍，才能改變生活。請行動起來，為生活做一些事。這些事可以是健身，可以是重返校園，也可以是尋找新工作，總之，行動會為你的生活帶來新的動力。你會認識新朋友，找到新機會，不久就會發現生活多姿多彩。

六、不要認命

人生不可能沒有困難和煩惱。有些人可能家庭生活一帆風順，工作上卻不順利；有些人則相反，工作如意，家庭卻一塌糊塗。接受這個事實，你就不會把每個問題都看成是危機，也不會認為自己是人生旅途上的敗將。

為了獲得人生的成功，你要為自己制定全盤的計劃，不要任由命運擺佈。要明白：你應該得到的一切不該比別人差，你要為自己努力。

如果你不求大富大貴，可能日子過得很舒服，但是這種生活暮氣太重，未必真是福氣。要成為一個卓越的人，你必須走出舒服的樊籠，為實現更高的目標而更加勤奮聰明的工作。

七、認定目標，全力爭取

對你來說，成功是什麼？成功的感覺是怎樣的？你會怎樣爭取成功、在哪裡爭取、和誰一起爭取？你必須大膽構思，但是不能脫離現實。

如果你已四十五歲，既不能跳又不能跑，卻想做一個職業運動員，那就太不切實際了。你可能要選擇其他的目標。

假如你的目標很高或很不尋常，請不要怯於啟齒。不少東西即使你提出要求，都未必得到；連要求都不提出，就更不用說了。你在報紙上登廣告賣二手車，要價七千美元，有人會出九千美元買嗎？因此，目標不要定得太低，否則，你終生會做著自己不願意做的工作。

切記，你的目標必須務實，更要清晰。只有當你制定了目標，你才可以為這目標努力奮鬥，最終實現你心中的理想。

堅持獨立的思考和判斷，擺脫從眾心理

凡事都「從眾」或都「反從眾」都是要不得的。二十世紀三十年代，美國一位著名的社會心理學家阿希曾經做了一個非常有趣的實驗。他讓七個男大學生圍坐在一張會議桌周圍，並依次指定為一號到七號。實際上只有六號是真的被試者，其餘六個人是實驗者的助手，只是瞞著被試者而已。

實驗者事先準備了十八套卡片，每套兩張，一張上畫著一條標準線段，另一張上畫著長度不等的三條線段A、B、C，其中一條與標準線段等長。

實驗者告訴被試者，將要進行的是一項視覺判斷實驗，然後拿出一套卡片，讓那七個人依次回答線段A、B、C中哪一條與標準線段等長。

這是非常容易判斷的。前六次實驗，實驗助手們都做出了正確的回答，被試者的回答也是正確的。但是從第七次開始，實驗助手們異口同聲的做出了錯誤的回答，輪到被試者回答了，他顯得無所適從，甚至驚慌失措。

結果令人非常驚訝，被試者中居然有三分之一的人跟著實驗助手做了錯誤的回答；其中約四分之三的被試者至少有一次跟著實驗助手做了錯誤的回答。

怎麼會產生這樣的結果呢？

當一個人生活在群體中的時候，總會感覺到別人的存在，受別人的影響，要遵守群體的規範。群體藉助於規範的力量形成了一種對其成員心理上的壓迫力量，以達到對其成員行為的束縛作用，這種力量就是群體壓力。阿希實驗中的被試者就是屈從了群體壓力，而做出了錯誤的回答。

但是，被試者為什麼會屈從於群體壓力呢？這與許多因素都有關係。首先，它與一個人的個性特徵有關。有的人缺乏自信心，認為真理是掌握在大多數人手裡的，對自己的判斷沒有信心，雖然知道自己看到的與別人回答的不一樣，但認為多數人總會比自己更正確一些。因此，從眾以求心安。屬於這種情況的人最多。

其次，從眾與問題情境是否清晰有關。當刺激物的特性不鮮明（例如：阿希的實驗中A、B、C三條線段的差別非常不明顯），或刺激物非常模糊（例如：在沒有參照物的黑暗環境中，判斷光點離自己的距離）的時候，從眾就非常容易發生。這時，人們會把別人的判斷看成是正確的，以別人的判斷作為自己的判斷標準。但是，當問題情境非常清晰的時候，這種情況極少發生。

還有一種情況就是，明明知道別人的判斷是錯誤的，但是不願意自己成為「離群之馬」，表面上會採取從眾行為，但群體壓力一解除，他就會說出自己的意見。

從眾現象是一種較普遍的心理現象，是人的一種直接的、感性的心理反應。任何人都會不同程度的發生從眾行為。它不簡單的等同於隨波逐流和喪失原則。

從眾行為對於一個人、一個社會有它積極的意義，它可以使一個人的思想和行為合乎群體的、社會的規範。在許多情況下，這種結果可以使群體和社會具有更高的一致性，有利於活動效率的提高和目標的實現。

但是，從眾也有消極的一面。當群體中大多數人所持的觀點是錯誤的時候（例如：阿希的實驗），從眾會把群體的判斷導向錯誤的結果。

從個體的成長或社會的發展來說，從眾心理是司空見慣的一種心理表現，當今的大多數人正是這樣做的。但是，我們還應該認識到，真正體現從眾心理的社會價值，需要個體把一般的從眾心理上升為一種自覺的意識，否則，在從眾行為受到挫折時，就會發生疑惑和動搖。

相信大多數人的意見是正確的，這是人們的從眾心理產生的一個原因。另一種原因是，人們一般都不願意被別人看成越軌者。因為人要順利的生活和工作，必須依賴於他人，依賴於群體，如果異於群體大多數人的意志，就會受到群體壓力，進而受到群體的排斥。為了避免這種煩惱和不悅，人們在一些小問題上能委曲求全就委曲求全，由此導致從眾行為。

為了追求卓越，當我們產生不願越軌的從眾心理時，應盡可能冷靜、慎重的權衡一下，從眾之後其後果是利大還是弊大。如果是弊大，那就應當勇於堅持自己的意見。

生活中，我們要揚「從眾」的積極面，避「從眾」的消極面，努力培養和提高自己獨立思考和明辨是非的能力；遇事和看待問題，既要慎重考慮多數人的意見和做法，也要有自己的思考和分析，使判斷能夠正確，並以此來決定自己的行動。

☻ 努力擺脫從眾的盲目色彩，用獨立的思想和明晰的判斷去學習和創造，這樣，你將擁有一個真正屬於自己的人生。

相信直覺，善於依靠靈機一動辦事

人能在關鍵性時刻做出或想到關鍵性的事情。這種情形與機率、邏輯學或過去的經驗無關。

我們常把靈機一動而做出的決定看做是湊巧、命運或是第六感的作用，也都有過對某件事的發生事前早有預感的經驗。其實，這不過是一種常被忽視了的天賦智力在起作用而已。這種智力就是直覺。

直覺是在作決定的那一剎那，敦促我們在兩種辦法中擇一而行的心聲。我們在心裡有所感，但卻無法解釋為什麼會有這種心聲。

由於我們所受的教導一向是依賴理智，因而忽略了「感情的」判斷力，也就是說廢棄了我們人人都有的一種認識能力。而這種能力卻可能是知道該怎樣做，或對事物有新認識的有用工具。

科學史上有很多直覺導致重要突破的實例。最著名的例子之一，就是公元前二世紀的希臘物理學家和數學家阿基米德。他坐進滿水的浴缸沐浴時，水由缸邊溢出。他因此意識到物體在水中取代部分水所佔位置的原理，並把它應用到科學問題上。愛因斯坦也認為心聲很重要。他說，心聲曾幫助他掌握了很多複雜的思想。

憑直覺瞭解事物並不是完全忽略理性思考。事實上，在很多例子中，這兩種精神官能的活動是相輔相成的。直覺提供重要的信息，然後理性加以驗證，或用直覺評估理性和邏輯的結論。

很多人經過長時間苦思和多次徒勞無功的試驗之後，才獲得新發現，局外人還以為成功是突如其來的。其實，超人的洞察力往往都是以理性、豐富知識和追求正確結論的能力為基礎的。

著名的福爾摩斯就是以這種方式偵察案情的。例如：他怎會知道案中的兇手與死者相識呢？他想：狗不會對牠認識的人叫。因為死者的狗沒有出聲，於是他就推測到兇手不是陌生人。這會不會只是邏輯的思想方法？事後想來好像是。但令福爾摩斯想到狗的行為則是直覺。直覺把他的推斷引導到正確的途徑。

有沒有辦法能鼓勵直覺思考呢？一項研究工作發現，很多自發的靈感出現之前，總先有一段強烈腦力活動，繼而是鬆弛休息的過程。所以，研究人員或藝術家的直覺常在睡眠中、踽踽獨行或搭乘火車時出現。

人所共知，靈感常常只在某一特殊方面產生。一位有直覺的醫生可能是診斷疾病的天才。但他對日常生活的瞭解和反應可能相當遲鈍。一位精於選擇最適當人選的人事部經理，在股票市場中卻可能把一生的儲蓄輸個精光。

那麼，靈感可不可以解釋為經驗的有效應用呢？當然，特殊的知識在解決問題時有助力，但因過去處理事務都是採用傳統的理智方式，所以實際上，經驗對直覺的產生反而可能是一種阻礙。

依靠靈機一動辦事，總帶有若干冒險成分。對於不依常規方式出現的主意，難免有怕失敗、遭人嘲笑的顧慮。在專家之間，這種顧慮更為強烈。依直覺辦事而甘冒險失敗，則需要勇氣和對自己直覺的信心。

雖然靈感與我們的意志力無關，但我們產生靈感的傾向是可以增強的。增強方法就是必須像海綿吸水一樣，盡量吸收所有可以得到的有關信息。

一位加拿大管理工作研究員發現，成功的領袖對那些似乎沒有意義的信息，例如：身體語言、流言蜚語和無稽的猜測都很注意。並且他們寧願當面接觸，也不喜歡書面報告。怕證明自己錯誤的顧慮，對直覺行動阻礙之大，不亞於過分努力工作或厭惡改變成規的心理。另一方面，對解決問題抱輕鬆幽默的態度，較易使自發的靈感出現。

毫無疑問，很多值得一試的新構想都在「這不會成功的！以前沒有人這樣做。」的觀念下，胎死腹中。

☻

我們的世界已經太複雜，只靠理智行事遂成為今日最大的錯覺。在我們的認識思考中兼用直覺，我們生活中的大小問題就會處理得更好、更妥當。

善於合作，與自己而不是與他人競爭

每一個偉大的成功者背後都有另外的成功者，沒有人是自己一個人達到事業的頂峰的。成功者的道路有千千萬萬，但總有一些共同之處：團結合作是許多成功人士的共同特性。

合作是一件快樂的事情，有些事情人們只有互相合作才能做成，不合作他不能得，你也不能得。

美國加利福尼亞大學副教授查爾斯．卡費爾德對美國一千五百名取得了傑出成就的人物進行了調查和研究，發現這些有傑出成就者有一些共同的特點，其中之一就是與自己而不是與他人競爭。

他們更注意的是如何提高自己的能力，而不是考慮怎樣擊敗競爭者。事實上，對競爭者的能力（可能是優勢）的擔心，往往導致自己擊敗自己。

多數成就優秀者關心的是按照他們自己的標準盡力工作，如果他們的眼睛只盯著競爭者，那就不一定取得好成績。

為了與他人密切合作，你需要特別在如下幾個方面多進行努力：

一、積極的參與

在團體中，每個成員都應該具有奉獻意識，並有責任做出自己應有的貢獻。在許多團體場合，有的人喜歡讓別人出頭露面，在討論中首當其衝，而自己卻靜靜的坐在那裡，做一個感興趣的旁觀者。這樣做的結果是，你無法培養自己的社交能力，贏得團體中其他成員對你的尊重，或者對團體的決定施加影響。

既然你同樣對團體的最終決策負有責任，無論你態度積極或保持沉默，你都可以貢獻你的聰明才智。如果你不敢拋頭露面，大膽的表述自己的觀點，或覺得你的觀點不如他人的有價值，那麼，你需要首先排除這種消極認識。

如果你感到憂慮和焦急，那麼，你需要迫使自己邁出第一步。萬事起頭難，隨著你不合理的怪念頭的減退，以及你自信心的增強，你就能積極的參與到團體的活動中來，為團體的發展做出自己應有的貢獻。

二、提高有效討論的能力

為此，要努力做到：

✓清楚的表達你的觀點，並提供支持的理由和根據。

✓認真的聆聽他人的意見，努力瞭解他人的觀點及其理由。

✓直接的對他人提出的觀點做出回答，而不要簡單的試圖闡述你自己的觀點。

✓提一些相關的問題，以便全面的探究所討論的問題，然後設法去回答問題。

✓把注意力放在增加瞭解上，而不要試圖不計代價的去證明自己觀點的正確性。

三、尊敬團體的每一位成員

這是保證合作成功的基本準則。雖然你可能確信你比其他的參加者更有知識，但重要的是，你要讓他人充分的表達自己的觀點，而不要隨意打斷，或表現出不耐煩，做到這一點對於團體正常的發揮功能是很有必要的。也許在某些場合，其他成員不同意你的分析或結論，當發生這種情況時，即使你確信你是正確的，你也需要做出必要的妥協和讓步。如果做不到這一點，就接受現實，盡你所能闡述自己的觀點，力爭使他人能夠接受。

四、不要過早的對觀點作判斷

除了提出你自己的觀點之外，你還應該鼓勵其他成員也提出他們的觀點。當他人提出自己的觀點時，要做出積極的和建設性的反應。

五、客觀的評價觀點，而不意氣用事

當團體對其成員提出的觀點進行評價時，應該運用批判思考的技能對它們進行評價。

爭論點或問題是什麼？這個觀點是如何說明問題的？提出這個觀點的理由和根據是什麼？它的風險和弊端是什麼？重要的是要讓團體的成員意識到，評價的對象是觀點，而不是提出觀點的人。

最常見的一種思考錯誤是，有的成員僅從個人的愛好或偏見出發，不是對人們提出的觀點進行評價，而是把矛頭指向個人。對有挑戰性的觀點應該做出這樣的回答：「我不同意你的看法，原因是……」而不應該說：「你真無知。」只有如此，才能進行良好的溝通，而不會惡語傷人。

六、準確認識各自在團體中的角色和彼此的關係

團體好比是活生生的、不斷進化的有機體，它們是由處於複雜的和充滿活力關係之中的個體構成的。就如在一場球賽中，沒有號碼牌你無法分辨運動員一樣，一個團體要有效的發揮作用，也需要你識別出誰是「運動員」，他們彼此關係的性質，以及決策權是如何分配的。

在一個你不熟悉的新團隊中，弄清這些情況是特別重要的，它可以為你提供一個你在其中能說話和回答的「思考環境」。

☻ 假如你決心成為出類拔萃的人，千萬不能忽視人際關係。

成功是需要付出努力的選擇而不是機遇

喬納森．溫斯特曾說：「我一直在等待著成功，可是它卻沒來，所以我沒有成功就繼續前行。」

許多成功人士都談過他們是怎樣等待願望實現的。他們耐心的坐著，等著運氣的到來。美國著名的歌手和作家哈德還記得他在夜總會演奏的時候，總是等著「好運氣」的到來，等待自己被發現。

哈德一直聽人說：「只要堅持唱，賣力的唱，總有一天會有人給你送來運氣的！」

哈德曾一直等著好運氣，可它卻始終沒來。那時，他才開始明白過來，原來成功是一個選擇，而不是什麼機遇。哈德懂了，創造未來最好的途徑就是發展自己。他開始了一項自我發展的計劃，他決定再也不去等好運氣了——他打算自己創造好運。

哈德面臨一個選擇，他可以繼續等待自己的船回來，或者他可以游到海裡去找他的船。哈德決定出海去找，他對這個決定非常開心，因為他發現他的一些朋友們還站在碼頭上等著呢！

記住，成功不是等來的，而是要去努力爭取的。

不要等著自己的船回來，跳進海裡，向著自己的船游去吧！你會為自己所做的感到高興。

有一次，哈德正在一所高中演講，一位年輕的女士在一旁耐心的等待著，直到他簽完名，開始對別的學生講話時，她才問：「如果成功不到你這兒來，你怎麼辦？」

哈德回答說：「成功不到妳這兒來，那妳就到成功那兒去！」有那麼一會兒，她似乎有點兒迷惑，接著她眼睛一亮，說道：「你的意思是我不應該等著成功！」

就在那一刻，哈德體認到，很多人對於成功有個非常大的誤解。他們所受的教育是錯誤的。大多數人認為成功是一種偶然發生的事情，你是否成功全看你運氣如何。

其實，成功不是偶然的，而是因為我們做出了一個決定，並且按照這個決定採取行動才獲得成功的。

我們必須做出決定，然後採取行動！有一句老話說：「生活是件很有趣的事，如果除了最好的東西，其餘的你全都拒絕接受，那麼你經常都會得到最好的！」

那天，這位年輕的女士帶著一種全新的思維模式離開了學校，她再也不會去等待成功自己出現了，她會行動起來，去取得成功！

一個人要想取得事業上的成功，要想取得令人矚目的成就，不能僅僅停留在美好的幻想上；一定要現實些，勤奮些，付出實實在在的努力，才能實現各種美好的理想。

有一位名叫西爾維亞的美國女孩，她的父親是波士頓有名的整形外科醫生，母親在一家聲譽很高的大學擔任教授。她的家庭對她有很大的幫助和支持，她完全有機會實現自己的理想。

她從念中學的時候起，就一直夢寐以求的想當電視節目的主持人。

她覺得自己具有這方面的才幹，因為每當她和別人相處時，即使是生人也都願意親近她並和她長談。她知道怎樣從人家嘴裡「掏出心裡話」。她的朋友們稱她是他們的「親密的隨身精神醫生」。

她自己常說：「只要有人願給我一次上電視的機會，我相信一定能成功。」但是，她為達到這個理想而做了些什麼呢？其實什麼也沒有！她在等待奇蹟出現，希望一下子就當上電視節目的主持人。

西爾維亞不切實際的期待著，結果什麼奇蹟也沒有出現。——誰也不會請一個毫無經驗的人去擔任電視節目主持人；而且，節目的主管也沒有興趣跑到外面去搜尋天才，都是別人去找他們。

另一個名叫辛迪的女孩卻實現了西爾維亞的理想，成了著名的電視節目主持人。

辛迪之所以會成功，就是因為她知道：「天下沒有免費的午餐。」一切成功都要靠自己的努力去爭取。

她不像西爾維亞那樣有可靠的經濟來源，所以沒有白白的等待機會出現。她白天去打工，晚上在大學的舞台藝術系上夜校。

畢業之後，她開始謀職，跑遍了洛杉磯每一個廣播電台和電視台。但是，每個地方的經理對她的答覆都差不多：「不是已經有幾年經驗的人，我們不會僱用的。」但是，她不願意退縮，也沒有等待機會，而是走出去尋找機會。她一連幾個月仔細閱讀廣播電視方面的雜誌，最後終於看到一則招聘廣告：北達科他州有一家很小的電視台招聘一名預報天氣的女主播。

辛迪是加州人，不喜歡北方。但是，有沒有陽光，是不是下雨都沒有關係，她希望找到一份和電視有關的職業，做什麼都行！

她抓住這個工作機會，動身到北達科他州。

辛迪在那裡工作了兩年，最後在洛杉磯的電視台找到了一個工作。又過了五年，她終於得到拔擢，成為她夢想已久的節目主持人。

為什麼西爾維亞失敗了，而辛迪卻如願以償呢？因為西爾維亞在十年當中，一直停留在幻想上，坐等機會；而辛迪則是採取行動，最後，終於實現了理想。

機會需要把握，也需要創造。「天下沒有免費的午餐」，一切成功都要靠自己的努力去爭取。

☺ 從現在開始，你也要放棄白白等待的想法，為了目標的順利實現，盡快採取積極有效的行動，去努力，去拚搏！

對未來，要擁有適度的「野心」

自古以來，「野心」在多數情況下是個貶義詞。不過，現在有心理專家研究表示，「野心」是成功的關鍵因素。

在生活中，如果你形容一個人有雄心，那就表示他很有抱負，他會很高興。如果你形容一個人有「野心」，那就表示這個人佔有慾很強，好像要搶走別人的東西似的，他會很不高興。

「野心」到底靠什麼建立，為什麼在對待事業上，有些人充滿「野心」和活力，而有些人則沒有？

美國加利福尼亞大學的心理學家迪安·斯曼特研究發現：「野心」是人類行為的推動力，人類透過擁有「野心」，可以有力量攫取更多的資源。

根據這種說法，大家應該都有「野心」才是。但事實上，人與人在「野心」方面有很大差別。這些差別引起了人類學家、心理學家和其他學者的關注，他們力圖從家庭出身、社會影響、遺傳及個體差異上尋求答案。

從家庭出身來講，出生在窮人家的孩子，要為生存而憂慮，可能與生俱來就有「野心」，但也不排除悲觀失望，不思進取者。在富裕家庭長大的孩子，可以獲得的東西雖然很多，但也有懶惰、揮霍無度的人。

研究顯示，上流社會之所以有相當大比例的人有「野心」，有錢不是主要原因，家庭影響和父母對孩子成功理念的灌輸起了重要作用。

社會大環境也對人的「野心」有很大影響。這和家庭有些類似，就是當一個人與社會環境相接觸時，如果他總是遇到有「野心」的人，那他也會身不由己產生一些想做事業的想法，如果他身邊都是一些沒有理想，沒有「野心」，得過且過之輩，即使他有「野心」，也會被人譏笑為瘋子，久而久之則打消念頭。

在遺傳方面，斯曼特說：「『野心』可能是會遺傳的。」這意味著，如果你的家族很有「野心」，你可能天生就具備這份素質。

人的性格也會影響「野心」。有些人總對自己的事業和生活不滿，他們總有一種憂患意識，正是這種意識讓他們產生焦慮感。孩童時有被剝奪感的人，容易在生活中尋求過度補償而顯得「野心」勃勃。

當然，凡事都有一個尺度的問題，「野心」也不是越多越好，否則就會遭遇挫折，遇到障礙。

在對待「野心」這個問題上，如何做到既促成事業進步，又不傷害別人的利益和自身健康？那就是保持適度。為了做好事業，我們一定要懷有「野心」，對於未來要抱有良好的期望。只要可能，都不妨嘗試，這樣才能更好的發展自己。

但如果這種「野心」是以挖別人牆角為前提，或者透過損人才能利己，那就要把這種「野心」放在道德和法律的規定範圍內，懂得控制自己。要對「野心」進行引導，在資源有限的情況下，你多得一點，別人就少一點，所以「野心」始終不受歡迎。

另外，「野心」過大，會造成嚴重的心理負擔。當現實無法滿足自我的要求時，就會產生焦慮、暴躁、敵意、對抗情緒，對外影響人際關係和外部環境，對內則損害個人健康。研究發現，成功慾望強、「野心」大的人，容易罹患心臟病、高血壓、胃潰瘍等疾病。

☻ 「野心」沒有止境，所以要懂得將它調整在一個合適的限度之內，讓它充分發揮對人的激勵作用而不傷害人。

時刻做好準備以獲得更多機會

一句西方的諺語精闢的詮釋了勤奮、機遇和成功三者之間的關係：「時刻準備著，當機會來臨時，你就成功了。」

從很大程度上講，人是機遇的產物。我們在評價一個人的能力以及他的成就時，我們不能完全忽略機遇的重要性。有時候，幾分鐘比幾年都要重要，在時間的重要性和價值之間沒有均衡。一個出乎意料的五分鐘就可能決定了一個人的命運。但是，人不是靠偶爾撞在木樁上的兔子獲得成功的。事實上，通常我們所說的命運的轉折點，只是我們之前努力所取得的成績所集成的機會。

麥克．阿瑟將軍說過：「召集軍隊上戰場的軍號聲對於軍人來說，就是一種機會。但是，這嘹亮的軍號聲，絕不會使軍人勇敢起來，也不會幫助他們贏得戰爭，機會還得靠他們自己來把握。」

促使一個人抓住了成就他一生的那個機遇並走向成功的，正是他的個性、他的個人能力。追求卓越的人一定要懂得，偶然的機會只對那些勤奮工作的人才有意義。

流傳甚廣的奧爾·布爾的一件軼事能夠更好的說明這個道理。這位傑出的小提琴家，多年以來一直堅持不懈的練習拉琴。透過不斷的練習，他的技藝早已成熟到後來他出名時的那個程度了，但是他始終還是默默無聞，不為大眾所知。不過，他的運氣遲早會到來的。

有一次，當這個來自挪威的年輕樂手正在演奏的時候，著名女歌手瑪麗·布朗恰巧從窗外經過。奧爾·布爾的演奏使她如癡如醉，她從來沒有想到小提琴能夠演奏出如此優美動人的音樂，她趕緊詢問了這個不知名樂手的姓名。

隨後不久，在一次影響力極大的演出中，由於她突然與劇場經理發生了意見分歧，不得不臨時取消了自己的節目。在安排什麼人到前台去救場時，她想到了奧爾·布爾。

面對聚集起來的大批觀眾，奧爾．布爾演奏了一個多小時，就是這一個多小時，使奧爾．布爾登上了世界音樂殿堂的巔峰。對於奧爾．布爾而言，那一個小時便是機遇，只不過，他早已為此做好了準備。

成功的祕密在於，當機遇來臨的時候，你已經做好了把握住它的準備。對於那些懶惰者來說，再好的機遇，也是一文不值；對於那些沒有做好準備的人來說，再大的機遇，也只會彰顯他的無能和懶惰，使他變得荒唐可笑。

即使在同一個公司或同一個職位上，機遇沒有光臨，但在你為機會的來臨而時時準備的行動中，你的能力已經得到了擴展和加強，實際上，你已經為未來某一個時間創造出了另一個機遇。

為了獲得更多、更好的機會，每一天，都要盡心盡力的工作，每一件小事情，都要力爭高效的完成。

☻ 嘗試著超越自己，努力做一些份外的事情，不是為了看到老闆的笑臉，而是為了自身的不斷進步。

不敢出醜，就不會聰明

聰明是令人羨慕的，出醜總使人感到難堪。但是，聰明是在無數次出醜中練就的。不敢出醜，就不會聰明。

毫無疑問，每個人都想使自己表現得更聰明些，都怕在眾人面前出醜。在很多人眼裡，這似乎是絕然對立的兩件事——聰明人絕不會出醜，出醜的人必然是笨蛋。然而，實際生活並非如此。最聰明的人有時簡直如一個大傻瓜，他們當眾出醜，卻若無其事；他們被人嗤笑卻自得其樂。然而，他們就是這樣聰明起來的。

瑪麗讀書時網球打得不好，所以老是害怕打輸，不敢與人對打，至今她的網球技術仍然很蹩腳；露茜的網球打得很差，但她不怕被人打下場，越是輸越打，後來成了令人羨慕的網球選手，成了大學網球代表隊員。

值得讚賞的是那些勇敢的去做他們想做的事的人，即使有時在眾人面前出了醜，他們還是灑脫的說：「哦！這沒什麼。」就是這麼一類人，他們還沒學會反手擊球和正手擊球，就勇敢的走上網球場；他們還沒學會基本舞步，就走下舞池尋找舞伴；他們甚至沒有學會曲膝或控制滑板，就站上了滑道。

再看看伊米莉，她只會說一點點的法語，卻毅然飛往法國去作一次生意旅行。雖然人們曾告誡她：「巴黎人對不會講法語的人是很看不起的。」但她堅持在展覽館、在咖啡店、在艾麗榭宮用英語與每個人交談。

她不怕結結巴巴、不怕語塞傻笑、出醜嗎？一點也不。因為伊米莉發現，當法國人對她使用的虛擬語氣大為震驚之後，許多人都熱情的向她伸出手來，為她的「生活之樂」所感染，從她對生活的努力態度中得到極大的樂趣，他們為伊米莉喝彩，為所有有勇氣做一切事情而不怕出醜的人歡呼，這類人還包括那些學習對他們來說並不容易的人。

生活中有些情商較低的人由於不願成為初學者，就總是拒絕學習新東西。他們因為害怕「出醜」，寧願閉塞自己的機會，限制自己的樂趣，禁錮自己的生活。

高情商的人懂得，若要改變一下自己的生活位置，我們總要冒出醜的風險。不要擔心出醜，否則你就會無所出息，而且更重要的是，你同樣不會心緒平靜、生活舒暢。你會受到囿於靜止的生活而又時時渴望變化的願望的痛苦煎熬。

我們也許應該記住這一點，由於害怕出醜，我們也許會失去許多生活機會而長久感到後悔。

我們應該記住法國的一句名言：「一個從不出醜的人，並不是一個他自己想像的聰明人。」大愚若智，積愚成智，生活的哲學就是這樣。

做自己害怕的事就容易克服恐懼

當你遇上害怕做的事情時，只要敢試一試，就會覺得並沒有什麼，也沒有你原先想像的那麼可怕。

不少人碰到棘手的問題時，習慣設想出許多莫須有的困難，這自然就產生了恐懼感，遇事你只要大著膽子去做時，就會發現事情並沒有自己想像的那麼可怕。

人在自己的一生中，竭盡全力的企圖避開那些妨礙自己前進的事物，而這些事物卻常常頑固的存留在我們自己的頭腦中，並且其中有不少是我們自己想像的產物。

有時候，我們不敢學外語、不敢學小提琴、不敢下水學游泳、不敢在課堂上提問、不敢上台講演，明知這件事不對，也不敢說個「不」字等等。這種種不敢，其實都是我們自己給自己設下的無形障礙罷了！也正是這種無中生有的無形障礙，使我們裹足不前，錯過了許多我們本來應該去做，而且能夠做好的事。

有位年輕的女士，十年前被車撞倒，江湖郎中說她癱瘓了。她相信了江湖郎中的話，於是感到頭腦呆滯，雙腿麻木，再也站不起來了。她整日坐在輪椅上，肌肉漸漸萎縮，變成了癱瘓人士。

轉機發生在第二次車禍。五年後的某一天，當她連人帶輪椅被一輛三輪車撞出人行道時，她突然覺得疼痛難忍。

家裡人不相信她會疼痛，送她到一家大醫院，醫院外科專家診斷她根本沒有癱瘓。經過一段時間的物理治療，她很快就能站立起來行走了。當她站起來時，除了深感幸運外，還深感遺憾：別人說自己癱瘓了，自己就信以為真，當初為什麼不去試試呢！

是的，她如果試一試，就不會被他人的話所控制。可見，心理上這種無形障礙，會使人情緒萎靡，自信心喪失，身體功能失調，久而久之，人會變得這也不敢做，那也不敢做，無形中就把自己歸類到那些「注定」

不會成功的人裡邊去了。

很多時候，成功就像攀爬鐵索，失敗的原因不是智商的低下，也不是力量的單薄，而是威懾於自己的無形障礙，被鐵索周圍的外在現象嚇破了膽。如果我們敢於做自己害怕的事，害怕就必然消失。

有人問英國戲劇大師蕭伯納：「為什麼你講話那麼有吸引力？」蕭伯納答道：「試出來的，就像學滑冰一樣，開始時，笨頭笨腦，像個大傻瓜。後來試的次數多了，就熟練了。」

蕭伯納年輕時，膽子很小，不敢大聲講話，更不敢在公開場合發言，每當要敲別人的門時，至少要在門外徘徊二十分鐘，才敢硬著頭皮去冒那個險。

他說：「很少有人像我那樣深受害羞和膽怯之苦。」後來，他下定決心要變弱為強，從試一試開始，於是參加了辯論協會，出席倫敦各種公開討論會，逮住機會就發言，終於跨越了自己的無形障礙，成為二十世紀最有自信和最傑出的演講者之一。

一個人遇上害怕的事，只要敢於試一試，就會覺得並沒有什麼，也沒有你原先想像的那麼可怕。

有位推銷員因為常被客戶拒之門外，慢慢患上了「敲門恐懼症」。他去請教一位大師，大師弄清他的恐懼原因後便說：「你現在假設自己站在即將拜訪的客戶門外，然後我向你提幾個問題。」

推銷員說：「請大師問吧！」

大師問：「請問，你現在位於何處？」

推銷員說：「我正站在客戶家門外。」

大師問：「那麼，你想到哪裡去呢？」

推銷員答：「我想進入客戶的家中。」

大師問：「當你進入客戶的家之後，你想想，最壞的情況會是怎樣的？」

推銷員答：「大概是被客戶趕出來。」

大師問：「被趕出來後，你又會站在哪裡呢？」

推銷員答：「就——還是站在客戶家的門外啊！」

大師說：「很好，那不就是你此刻所站的位置嗎？最壞的結果，不過是回到原處，又有什麼好恐懼的呢？」

推銷員聽了大師的話，驚喜的發現，原來敲門根本不像他所想像的那麼可怕。從這以後，當他來到客戶門口時，再也不害怕了。

他對自己說：「讓我再試試，說不定還能獲得成功。即使不成功，也不要緊，我還能從中獲得一次寶貴的經驗。最壞最壞的結果，就是回到原處，對我沒有任何損失。」

這位推銷員終於戰勝了「敲門恐懼症」。由於克服了恐懼，他當年的推銷成績十分突出，被評選為全行業的「優秀推銷員」。

人身上的潛能是無窮無盡的，為什麼絕大部分卻處於休眠狀態？主要是受心理上無形障礙的影響和阻礙。如果你想充分發揮你自己身上的潛能，想知道自己能勝任什麼事，那就從現在開始，把你身上的無形障礙，也就是你害怕做的事，一項一項寫在紙上，由易到難，訂一個跨越計劃。

然後從第一件害怕做的事做起，直到不懼怕為止。這樣每完成一項，你就跨越一個心理障礙，逐漸就會變成一個勇敢而卓越的人。

實際上，世上沒有什麼事能真正讓人恐懼，恐懼只不過是人心中的一種無形障礙罷了。

追求卓越該極力避免的人生態度

人們從來都不可能有足夠的時間去做每一件事情，哪怕是真正重要的事情。放棄不太重要的事情而去做更重要的事情，並不是一種犧牲。

生活中有許多人走上了事業的巔峰，但是更多的人雖然在精明睿智方面毫不遜色，卻未能獲得成功。為什麼有的人數錢數不過來，而有些人卻在對著那些該死的帳單詛咒？

當然，運氣是一個原因。但是，通常人們由於對生活的不正確態度，會做出一些搬起石頭砸自己腳的行為，使自己陷入困境，給自己帶來厄運。一些研究成功學的專家，把不成功人士失敗的原因歸結為以下幾大錯誤，這些錯誤都是追求幸福和卓越的人所應該極力避免的。

一、在生活中欺騙自己和別人

不成功人士常常在生活中欺騙自己。許多人認為，那些經常表現不誠實的人，是不會獲得成功的。遺憾的是，生活中似乎也有一些相反的例子。

一個人對其他人表現出完全的不誠實時，他至少在錢財方面是有可能獲得成功的。但是，對人們來說，他們想要就他們一生中所處的地位、達到目的的前景，以及他們的不足之處等問題欺騙自己，並且一直欺騙下去，是絕對不可能的。

二、不去行動和創造

有些人不明白這樣一個基本的事實：人們之所以能夠獲得報酬，是因為他們能夠做些什麼。而且，他們不明白一種必然的結果：人們由於能夠做某些能夠滿足社會迫切需要的事，而獲得很高的報酬。

這意味著，醫學、法學、寫作流行歌曲、金融或別的什麼職業，將有助於人們改善自己的境況，或者賺到大錢，或者使自己感到愉快，或者從中學到一些東西等。

如果你的目標是在錢財上獲得成功，你就必須實實在在的去生產或創造別人想要的東西，而不應將其僅僅停留在你的夢想之中。

三、傷害朋友

不成功人士往往有一種習性，他們會對那些對他們並無多大益處的人（如：政客、歌星、名人等），表示友好和感激之情；而對那些善待他們的人，卻表示出蔑視和不領情的態度。如果仔細觀察，我們不難發現，這種人在生活中經常出現。

傑克曾一次又一次的獲得進好萊塢工作的機會。這主要得力於他的兩位在不同電影製片廠工作的相當有實力的朋友的幫助，他們在很久以前就把他推上了成功的軌道。但是，在近二十年的時間裡，傑克一直看不起他們的公司，怠慢他們的友誼，而同時去追隨那些根本瞧不起他的有權有勢的名演員們。毫無意外，傑克直到四十七歲仍然是一個沒有生活方向、負債纍纍的人。

失敗者往往認為，他們的朋友為他們付出的一切都是理所當然的。

四、不注重生活中的禮節

不成功人士在日常生活中還常表現出粗俗無禮。他們不會適時的對那些贈與他們禮物和給予他們幫助的人表達感激之意，也不會對自己的輕慢態度和做錯事情向人道歉。

一位作家，喜歡用他請的家宴客人會遲到多久為標準，來推測他是否是個成功的人。一個擁有好工作、非常忙而又責任感很強的客人，會準時赴宴；一些整日無所事事的人，會很晚才到，甚至乾脆不露面。一個身分地位不高且無處可去的人將會如何呢？大約會遲到十五分鐘至一小時。

約翰曾有過一段做製片人的很有前途的經歷。但隨著時間的推移，他的生涯開始搖擺不定。他因為令人驚異的缺乏禮貌和風度，而從他事業的頂峰一下子跌落下來。

約翰從未因朋友對他的款待、替他弄到各種演出的通行證，以及給他介紹工作而感謝過他們。最終，幾乎所有的朋友都採取了類似的行動：乾脆不再為他做任何事情。

如果一位演員因為他的粗魯無禮而使人們對他疏遠的話，他就不可能再繼續演戲了。

五、不合時宜的穿著打扮

年輕漂亮的詹妮渴望找到一份工作。在朋友的幫助下，她獲得了一次面試機會，與一家對公司自身的家庭形象感到自豪的公司負責人共進晚餐。令人難以置信的是，她穿著短褲、T恤和高跟涼鞋出現在經理們的餐廳裡。從她一露面的那個瞬間起，她就已經把這場面試給弄砸了。

不成功人士通常會有不適宜的打扮。他們趕去參加求職面試時，常常不繫領帶或穿著一雙運動鞋。當其他人都西裝革履的出席宴會時，他們卻穿著牛仔外套赴宴。他們也許認為，自己是在顯示一種風尚。而實際上，他們卻在形象化的告訴人們，他們不屬於他們此刻所待的地方，而且還反映出他們對在場者的一種輕視態度。

六、令人生厭的生活態度

不成功人士往往面帶一種惱怒厭世的表情。他們不喜歡他們的工作和他們生活的世界，懷疑他們周圍的人都是不誠實和愚笨的。他們把一切都看得那麼黑暗，並用他們自己對生活的絕望態度和無所寄託的頹喪情緒，影響著他們周圍的人。

年輕的詹妮能勝任並完成每天的工作。但是她無論走到哪裡，不是抱怨空調太冷，就是抱怨太熱。她貶損老闆，埋怨工作。她對同事們說，工作是浪費時間。在兩年內，她已經失去過五次工作，而她仍未從任何她曾為其工作過的人那兒獲得有益的經驗。

七、不必要的爭論

不成功人士喜歡僅僅為了爭論而爭論——挑起爭端，或者使其他人失去心理平衡。那些挑起爭端的人也許會想，此刻朋友們和同事們會對他們的機敏與智慧留下深刻的印象。

美國眾議院著名發言人薩姆·雷伯說道：「如果你想與人融洽相處，那就多多附和別人吧！」他的意思，不是說你必須同意別人所說的一切，而是說你不可能一方面無休止的激惱別人，而另一方面又指望別人來幫助你。

結束了一天工作後的人們，不喜歡把時間花費在無休止的爭論上。

如果此刻你挑起爭端，他們會迴避你，而你將會發現，你已被其他好爭辯的失敗者們所包圍。

八、本末倒置

不成功人士不能確定什麼是應該優先考慮的事。英俊瀟灑的邁克爾的父親是個大人物，而他卻很可憐，一直在華盛頓一幢公寓裡當臨時管理員。然而，當朋友建議他利用業餘時間去學習，以便通過任職資格考試時，他堅持說他沒有空。各種嗜好佔用了他幾乎所有的業餘時間，多年來，他就一直這麼對朋友說！

☺

瞭解了不成功人士失敗的原因，我們就要避免犯這些錯誤，對生活抱持正確的態度，為自己開創美好的未來。

不斷追求進步，努力做得更好

「最大的成功」都是保留給具有「我能把事情做得更好」的態度的人。在事業上大凡有所建樹的人都有著永不滿足、不斷進取的精神。

著名律師威廉斯指出：「我認為，『成功』或者『勝利』這個詞的定義，是最大限度的發揮你的能力——包括你的體力、智力以及精神和感情的力量，而不論你做的是什麼事情。如果做到了這一點，你就可以感到滿足，我認為你便是個成功者了。」

如果說成功就是把能力最大限度的發揮出來，那麼，成功是沒有止境的，成功後你就不會停留在頂端，像快樂的機器人那樣行動，而是在成功之後取得更大的成功。

成功的人喜歡問：「怎樣做才能做得更好？」史蒂芬·柯維指導過

的一位從商僅四年的女學生，她在四年內又開了第四家五金行。這真是了不起的成就。因為這位女士創業時只有三千五百美元的資金。

她的新五金行開張後不久，柯維前去道賀，並問她怎麼會有這樣的成就，而其他大部分的商人都還只為一間店鋪努力掙扎。

她回答道：「我確實很努力。但是只靠早起與加班是不可能贏得這四家店面的。這一行大部分的人都是很努力工作的。我的成功主要是靠我自創的『每週改良計劃』。其實這也沒有什麼特別，它只是一種幫助我每過一週，就可以把工作做得更好的計劃罷了。」

「為了使我的思考上軌道，我把工作分四項：顧客、員工、貨品、陞遷。我每天把各種改進業務的構想記錄下來。然後，每星期一的晚上，我花四小時檢視一遍我寫下的各種構想，同時考慮如何將一些較踏實的構想應用在業務上。在這四小時內，我強迫自己嚴格檢討我的工作。我不會僅僅盼望更多的顧客上門，我會問自己：『我還能做哪些事情來吸引更多的顧客？』『怎樣開發穩定、忠實的老主顧？』」

她總結了能使她最初三個店鋪成功的許多小小的創新行動。比如：

改變商品的陳列方式；用「建議式的銷售技術」，使百分之六十本來不打算買東西的顧客改變決定；針對因罷工而失業的顧客，實施「信用計劃」，使顧客得以延期支付貨款；推出「購買競爭計劃」，使淡季銷售額仍能增加。

她解釋說：「我問自己：『我還能做什麼來改進商品的銷售？』我又想到一些主意，其中之一是，我想到我該做一些事來吸引更多的小孩進我的店面。因為，如果我進一些能吸引小孩上門的商品，也就能吸引更多的大人。結果真的很管用。這些玩具不佔什麼空間，也賣了不少錢。但最重要的是，這些玩具使店面的顧客川流不息。」

「請相信我，我的『每週改良計劃』真的有效。此外，我還學到有關成功的生意觀念，這是每一位從商的人都該知道的。是什麼呢？那就是：你起先懂多少並不重要。最重要的是，你開張以後學到什麼，以及如何應用。有重大成就的人，都會不斷的為自己和別人設定較高的標準，不斷尋求增進效率的各種方法，以較低成本獲得較高的回報，以較少的精力做較多事情。」

她的經驗對每個追求卓越的人都應該有所啟示。

你應該考慮把進步也變成你最重要的一種習慣。以下的練習能幫助你發現並發展出「我能做得更好」態度的能力。每天工作前，花十分鐘想：我今天要怎樣把工作做得更好？我今天該如何激勵自己？我還能在哪些方面有所改進呢？我該如何使工作做得更有效率呢？

☻

這項練習很簡單，但很管用。試試看，你會找到無數創造性的方法來獲得更大的進步。經過一段時間這樣的練習，你就會養成不斷追求進步、追求卓越的習慣。

培養良好人格品質做創造性人才

創造性人才都有某些相同的人格品質，這些人格品質展現出他們創造性思維的自我特質。

與普通人比較而言，創造性人才是活躍積極的、獨立而有主見的，他們一直與周圍世界保持接觸、聯繫，並為更好的理解這世界、改造這世界、更好的生活於這個世界中而努力。

那麼，我們在生活中該如何培養創造性的人格品質呢？如下建議可供參考：

一、永保青春的態度

創造性的一個普遍特點是：不論人的年齡和經歷如何，對人生、對事物都具有新鮮感。在這種精神狀態下，人就會變得更為靈活機智，對任何事物都願意去嘗試一下，這類人也就更容易注意到事物中需要改進的地方。

心理學家指出，人越是注意到生活中需要改進的不完善的地方，就越容易走上創造性發展的道路。

二、樹立足夠的自信心

在發現生活中的不完善的方面，力圖改進生活條件的過程中，我們每個人都必然會遇到挫折、失敗。許多人或許就會認為，這種自然的、健康的失敗就是個人的失敗。實際上，生活中的許多失敗，其原因在於新的情況，而不在於進行探索的人。然而，創造性的嘗試常常受到非難。

要抵制這些消極的影響，創造型的人就必須具有高度的自信心。你要實踐自己所認定的真理，就必須有自信心和力量。

三、秉持勤奮刻苦的精神

在一項對卓越的科學家、藝術家進行的研究中發現，他們都有一個共同的特點，即勤奮刻苦、持之以恆的獻身精神。顯然，這一發現是有道理的，因為正如我們已經知道的，有效的思維需要時間和精力。

馬斯洛對創造性和勤奮態度之間的關係有他明確的看法。他指出：「我的大部分時間是在勤奮工作中度過的。我感覺我們的學生沒有意識到這一點……很明顯，人們的印象就是：創造性猶如在某一偉大時刻爆發於人腦中的閃電。而富於創造性的人都是勤奮刻苦的這一點卻被人遺忘了。」

四、對體驗持開放態度

創造型的人對自己的良好感覺（心理健康的跡象），使得他們能夠接受更多的來自無意識的以及外部的世界的體驗，這種行為跟以防禦為目標的行為正好相反。以防禦為目標的行為，把來自於無論是外部還是內部的體驗，或者封鎖，或者歪曲，不讓它們進入意識領域。

要促進自己的創造性行為的發展，那就必須使自己有安全感、尊嚴感和自由，否則，用詩人威廉．希萊克的話來說：「人把自己封閉了起來，只從自己洞穴的縫隙裡望世界。」

五、對模稜兩可事物的容忍

對新的體驗的開放性態度包括對模稜兩可、混亂、矛盾、異常和懷疑狀態的高度容忍。如果給予這樣一種選擇機會，一是簡單而又制式的任務，一是複雜而又混亂的任務。具有創造性的人往往選擇後者，他們敢於接受混亂和複雜的挑戰，準備在不同的或更高一級的思維層次上進行重新確定或重新建構的工作。

六、培養幽默感

幽默感對心理健康具有重要作用，也是創造型人的重要特點。幽默感的顯示不僅防止了心理疾病的產生，而且使人相信、創造、探索、發現用獨特的方法把事物（重新）組合起來是一種多麼高尚的樂趣。

七、樂於做自然的探險者

創造性勞動常常不僅具有幽默性的特點，而且還具有遊戲性、鬆弛性及「並不一定需要知道所有的答案」這種一般感覺等特點。創造型的人樂於做自然的探險者，他們懷著開放的心理，敞開胸懷、伸展雙臂去尋求、去接受新的、具有挑戰性的體驗。

產生這種行為的可能原因之一是，創造型的人對自己有足夠的認識和信心，在追求新的希望和前途的時候，他們會像孩子一般讓自己的心理處於童稚狀態，但同時又能控制住自己的思想和情緒。馬斯洛指出，創造性是人性的根本財富，一切人生來皆有，但在社會化的過程中都在不同程度上喪失了。

因此可以說，創造性的火花潛伏於一切人身上，一旦有適當的鼓勵，即能點燃此潛力，使人類的生活更富創造力。

☻ 一個人樂於做自然的探險者，才能充分發揮自己的創造力，不斷為自己開創幸福而美好的人生。

樂觀的態度，是成功的關鍵點

編　　著　吳儀真
出 版 者　大拓文化事業有限公司
執行編輯　林秀如
封面設計　林鈺恆
內文排版　姚恩涵

總 經 銷　永續圖書有限公司
劃撥帳號　18669219
地　　址　22103 新北市汐止區大同路三段一九十四號九樓之一
TEL　(〇二)八六四七—三六六三
FAX　(〇二)八六四七—三六六〇
E-mail　yungjiuh@ms45.hinet.net
網　址　www.foreverbooks.com.tw

CVS代理　美璟文化有限公司
TEL　(〇二)二七二三—九九六八
FAX　(〇二)二七二三—九六六八

法律顧問　方圓法律事務所　涂成樞律師

出 版 日◇　二〇一九年七月

國家圖書館出版品預行編目資料

樂觀的態度,是成功的關鍵點 / 吳儀真編著.
-- 初版. -- 新北市 : 大拓文化, 民108.07
面；　公分. -- (成長階梯；76)
ISBN 978-986-411-098-8(平裝)
1.成功法 2.生活指導 3.自我實現
177.2　　108007215

謝謝您購買　樂觀的態度，是成功的關鍵點　這本書！

即日起，詳細填寫本卡各欄，對折免貼郵票寄回，我們每月將抽出一百名回函讀者寄出精美禮物，並享有生日當月購書優惠！

想知道更多更即時的消息，歡迎加入“永續圖書粉絲團”

您也可以利用以下傳真或是掃描圖檔寄回本公司信箱，謝謝。

傳真電話：（02）8647-3660　　信箱：yungjiuh@ms45.hinet.net

☺ 姓名：＿＿＿＿＿＿　□男　□女　　□單身　□已婚

☺ 生日：＿＿＿＿＿＿　□非會員　　□已是會員

☺ E-Mail：＿＿＿＿＿＿　電話：（　）＿＿＿＿

☺ 地址：＿＿＿＿＿＿

☺ 學歷：□高中及以下　□專科或大學　□研究所以上　□其他＿＿＿＿

☺ 職業：□學生　□資訊　□製造　□行銷　□服務　□金融

□傳播　□公教　□軍警　□自由　□家管　□其他＿＿＿＿

☺ 您購買此書的原因：□書名　□作者　□內容　□封面　□其他＿＿＿＿

☺ 您購買此書地點：＿＿＿＿＿＿　金額：＿＿＿＿

☺ 建議改進：□內容　□封面　□版面設計　□其他＿＿＿＿

您的建議：＿＿＿＿＿＿